»Kinder sind Kinder« – Band 12

Andreas Mehringer

Eine kleine Heilpädagogik

Vom Umgang mit schwierigen Kindern

10. Auflage

Ernst Reinhardt Verlag München Basel

Dr. *Andreas Mehringer*, ehemaliger Leiter des Münchner Waisenhauses,
Noestraße 30, 81479 München

Titelphoto: Luke Golobitsh, Bonn

Die Deutsche Bibliothek – CIP-Einheitsaufnahme

Mehringer, Andreas:
Eine kleine Heilpädagogik : vom Umgang mit schwierigen Kindern /
Andreas Mehringer. – 10. Aufl., 40. Tsd. – München ; Basel :
E. Reinhardt, 1998
(Kinder sind Kinder ; 12)
ISBN 3-497-01463-X

ISBN 3-497-01463-X
ISSN 0720-8707

Printed in Germany

»Ein Kind wird nicht erst ein Mensch, es ist schon einer. Er ist nur schwächer als wir. Ich habe diese Grundrechte für Kinder herausgefunden: das Recht des Kindes auf seinen heutigen Tag – und das Recht des Kindes, so zu sein, wie es ist.«

Janusz Korczak

»Das Wichtigste bei der Behandlung emotional gestörter Kinder ist dies: daß man sie und ihre Probleme mit dem größten Respekt behandelt.«

Bruno Bettelheim

»Wir dürfen nicht von den Schwierigkeiten ausgehen, die ein Kind macht, sondern von denen, die das Kind hat.« *Herrmann Nohl*

Vorwort

Dieses kleine Buch ist entstanden aus einem Aufsatz im Heft 4/1975 der Zeitschrift für Jugendhilfe in Praxis und Wissenschaft »Unsere Jugend«. Ich habe damals versucht, aus langer Erfahrung mit Heimkindern Antwort zu geben auf die Frage: Wie soll jemand, der kein gelernter Heilpädagoge ist, mit schwierigen Kindern umgehen, die nicht das (mitunter zweifelhafte) Glück haben, in ›Therapie‹ zu kommen oder in eine spezielle heilpädagogische Einrichtung verlegt zu werden. Der Aufsatz wurde von Praktikern in allen Sparten der Jugendhilfe überraschend gut aufgenommen – besonders von meinen ›Leidensgenossen‹, den Heimerziehern, denen ja vor allem die Aufgabe des Nachbergens heimatloser Kinder zufällt; aber auch von den Mitarbeitern in den Vermittlungsstellen für Pflege- und Adoptivkinder, von Erzieherinnen im Kindergarten, von Lehrern (bei vielen seelisch gestörten Kindern heute schon in der Grundschule) – und auch von den Fachschulen für Sozialpädagogik als Material für die Erzieherausbildung. Ein Beweis mehr dafür, daß neben sehr viel »hochgeschraubter Fachliteratur« (Zitat aus einer Rezension) ein großer Bedarf an einfacher, sprachlich verständlicher, praktischer Ratgebung besteht – einer Ratgebung freilich, die doch nicht einer ungeläuterten, theoriefeindlichen »Liebe zum Kind« das Wort redet, die gern alles, was den Umgang mit Kindern betrifft, beim »guten Alten« beläßt.

Es kam und kommt mir vor allem darauf an, den vielen unmittelbar betroffenen Laien-Heilpädagogen ›ohne weißen Kittel‹ (Heimerziehern, Ersatzeltern) Mut zu machen zu einem einfachen heilpädagogischen Tun. Die sieben Regeln – alle im Grunde untrennbar verbunden mit der Regel 1, nämlich mit dem Wahrnehmen des Kindes – bezeichnen und beschreiben die einfachen und zugleich wesentlichen Aktivitäten eines heilpädagogischen Umgangs mit Problemkindern. Man beginnt heute einzusehen, daß mit einer immer weiter vorangetriebenen Therapeutisierung und Spezialisierung das Kind selbst, das *ganze* Kind leicht aus dem Blickfeld gerät; daß ihm damit gar nicht wirklich (sondern nur wissenschaftlich-›optisch‹) geholfen wird, wenn die Hauptsache nicht stimmt: der therapeutische Alltag von morgens bis abends und vor allem das verläßliche Element der menschlichen Zuwendung. Als »neu« gilt oft, was lange genug vergessen wurde.

Der Sonderdruck des Aufsatzes wurde immer wieder verlangt. Nach der fünften Auflage habe ich den Text neu gefaßt und ergänzt mit einigen Erfahrungen aus Gesprächen, Einwänden, Diskussionen nach Tagungen.

Ich wünschte mir, daß diese kleine Schrift auch von den ›gelernten‹ Heilpädagogen gelesen wird, damit sie nach ihrer Zusatzausbildung aller Art nicht vergessen, was in diesem

Bemühen das Wichtigste ist und bleibt. Und daß sie nicht nur von den Professionellen der Jugendhilfe gelesen wird, sondern auch von Eltern und Lehrern – als Anregung, sich über den eigenen Umgang mit Kindern überhaupt wieder Gedanken zu machen. »Verhaltensgestörte Kinder« – das sind ja Kinder, bei denen Fehler gemacht worden sind, oft sogar in der Meinung, in der guten Absicht, doch »alles Beste für das Kind und seine Zukunft zu tun«. In der Erziehungsberatung begegnet uns dann häufig die Rede, besonders von seiten der Eltern: »Hätt' ich doch das früher gewußt!«

Im Sommer 1979 *Andreas Mehringer*

Zur 7. Auflage

Ich freue mich, daß meine »Kleine Heilpädagogik« so gut aufgenommen worden ist – von den Fachschulen für Sozialpädagogik, von Heimleitern, Erziehern, Lehrern. Die vorliegende 7. Auflage enthält die »sieben Regeln« einer heilpädagogischen Erziehung im alten Wortlaut. Sie haben sich als praktische Diskussionsgrundlage bewährt vor allem für Heimkonferenzen, auch in der Arbeit mit Pflegeelterngruppen, in der Jugendleiterfortbildung, für das Fach Heimpädagogik in den Fach- und Fachhochschulen. Neu geschrieben habe ich die letzten beiden Kapitel »Vom Zusammenwirken der Helfer« und »Ansätze zum Vorbeugen – Bemerkungen über unsere Erziehungssituation«. Die vielen sogenannten »Verhaltensstörungen« bei Kindern werden heute oft mit »Lernstörungen« gleichgesetzt. Auch heute noch und heute in neuen Ausprägungen werden kindliche Grundbedürfnisse nicht erfüllt. Kinder werden allein gelassen, unterfordert – öfter noch überfordert, auch überfördert (zu früh, zu rasch, zu viel) – bei gleichzeitigem Fehlen von sicherer Zuwendung von klein an.

Im Sommer 1982 *Andreas Mehringer*

Inhalt

I. Welche Kinder gemeint sind 10

II. Die ›kleine‹ und die ›große‹ Heilpädagogik 16

III. Leichter gesagt als gelebt 21

IV. Die sieben Regeln 27

1. Das Kind in seiner Eigenart wahrnehmen und es so akzeptieren wie es ist 27
2. Ausverwahrlosen lassen 34
3. Dafür sorgen, daß das Kind auch in seiner Gruppe angenommen wird 40
4. Die Lebensperspektive für das Kind suchen 47
5. Keine Heilpädagogik ohne den musisch-künstlerischen Bereich 56
6. Keine Heilpädagogik ohne religiöse Bildung 65
7. Unter den heilpädagogischen Faktoren auch sich selbst bedenken 73

V. Vom Zusammenwirken der Helfer 83

VI. Ansätze zum Vorbeugen 90

Literatur 98

I. Welche Kinder gemeint sind

Das Wort Heilpädagogik wird verschieden gebraucht. Wer es verwendet, muß erst sagen, was er damit meint.

Nach *Heinrich Hanselmann*, dem ersten Lehrstuhlinhaber für dieses Fach in den zwanziger Jahren in Zürich, ist Heilpädagogik »die Lehre von der Erziehung, Fürsorge und vom Unterricht (man beachte die sozialpädagogische Reihenfolge!) der Kinder, deren Entwicklung dauernd durch individuelle und soziale Faktoren gestört ist«. Es gibt viele Kinder mit organischen Defekten (blind, taubstumm, geistesschwach, körperbehindert – bei letzteren ist heute auch an die vielen Unfallopfer zu denken), aber die Zahl der von Haus aus gesunden, aber »durch soziale Faktoren« in ihrer Entwicklung gefährdeten oder schon geschädigten, also schwierigen Kinder ist größer. Um diese geht es in dieser Schrift.

»Schwierig« sind an sich alle Kinder, weil sie immer »nicht so sind, wie sie sein sollen« (was zum Kindsein gehört), weil sie außer der Freude, die man mit ihnen hat, Mühe und Plage kosten. Aber hier geht es um solche, die besonders schwierig sind. Es geht um das Kind in der Familie, mit dem die Eltern kaum oder gar nicht mehr »fertig werden«; um die Kinder in Heimen (einschließlich Internat), die heute – da die leichteren Fälle in Familienpflege kommen – fast durchwegs Problemkinder sind; die auch dort wegen ihres störenden Verhaltens oft als nicht mehr tragbar diagnostiziert werden und auf der Warteliste für eine mögliche Versetzung stehen – wieder in ein anderes Heim, wenn möglich in ein sogenanntes »heilpädagogisches Heim«; um Kinder auch in Pflege- und Adoptivfamilien, die sich dort als schwierig erweisen und in Gefahr sind, wieder weggegeben zu werden, das einmal gewonnene Zuhause wieder zu verlieren; um Kinder also, die immer wieder versetzt, »umgesetzt werden wie Bäume« *(A. Frommann);* aber auch um das verhaltensauffällige Kind im Kindergarten; um den schwierigen Schüler der Grundschule und der Realschule, der heute zunehmend häufig in die Sonderschule abgeschoben wird trotz etwa normaler Begabung; um die vielen verhaltensauffälligen Kinder heute in den weiterführenden Schulen; und nicht zuletzt um die gemeinschaftsschwierigen Jugendlichen im Betrieb, in der Lehre, im Freizeitheim, in der Jugendgruppe, im Sportverein – denen gegenüber die Meister, die Jugendleiter sich oft als hilflos (als ›autoritär‹ – oder ängstlich) erweisen; der junge Mensch selbst wird dann »nicht behalten«, ausgeschieden und verliert damit das soziale Einübungsfeld wieder, das gerade er noch dringender als andere braucht.

Für alle diese Kinder und Jugendlichen ist die Bezeichnung »verhaltensgestört« üblich geworden. Sie hat sich verfestigt – obwohl der Begriff sprachlich irreführend ist. Man muß nämlich fragen, wessen Verhalten da im Grunde gestört ist – und ob denn auffälliges Verhalten eines solchen Kindes nicht gerade ein gutes Zeichen dafür ist, daß das Kind eben noch nicht ganz gestört ist, noch nicht ganz aufgegeben hat, sondern sich noch dagegen wehrt, wie man mit ihm umgeht oder umgegangen ist.

Abgelöst wurde mit dieser heute üblichen Bezeichnung »verhaltensgestört« das alte Wort »verwahrlost« (ein fester Begriff im alten JWG), das aber nur deshalb so ablösungsbedürftig zu sein schien, weil man sich daran gewöhnt hatte, es intransitiv (das Kind »verwahrloste«) statt transitiv zu gebrauchen und zu verstehen (das Kind wurde verwahrlost, indem man es ‚wara'-los, ohne Schutz und Behütung ließ).

Aber auch andere Bezeichnungen helfen kaum weiter, wenn man versucht, in der Zuordnung einen abwertenden Klang zu vermeiden:

»Schwer erziehbar« – ein Kind, dessen Erziehung gar keine Mühe macht, ist ziemlich sicher gerade dann ein Problemkind.

Die Neigung junger Menschen, sich auffällig zu benehmen, gilt bis zu einem gewissen Grade mit Recht als normale Begleiterscheinung des Jugendalters.

»Dissozial« – der Ausdruck hat besonders in der Jugendstrafrechtspflege Anklang gefunden und geht dort in die Richtung »schädliche Neigungen«.

»Seelisch gestört« (oder auch emotional gestört) – diese Bezeichnung trifft das primäre Unschuldigsein des Kindes selbst in dieser Situation immerhin genauer als andere, kann aber doch auch wieder nicht als Adresse gelten, weil das schon so bezeichnete Kind sich zusätzlich verletzt fühlt.

Die Suche nach der neutralen, schonenden Bezeichnung für diese Kinder hat eine Parallele in der Schule, wo man das Wort »Hilfsschule« durch »Sonderschule« ersetzt hat – ganz sicher ohne den gewünschten Erfolg. Von der Sonderschule wird überdies unser Wort Heilpädagogik dauernd ganz in Anspruch genommen, wenn sie zum Beispiel ihr Fachorgan für Sonderschullehrer »Zeitschrift für Heilpädagogik« nennt. Hier wird die alte Gleichstellung »Kind ist gleich Schüler« fortgesetzt. Da tauchte auch schon einmal das fatale Wort »Sonderkind« auf, wurde aber wieder fallengelassen – wohl im Bewußtsein des verengten schulpädagogischen Begriffsdenkens, das sich hier zeigt. Wo bleibt das ganze Kind?

Der Vorgang macht übrigens die immer noch beherrschende Rolle der Schulpädagogik innerhalb der Pädagogik deutlich. Pädagogik ist gleich Schulpädagogik – geschichtlich ist das so geworden, und es ist weitgehend bis heute so geblieben. Die andere, die Sozialpädagogik (zu der die Heilpädagogik im Grunde gehört), bleibt immer noch draußen vor der Tür, gilt als »außerschulische« Pädagogik. Eine neue Heilpädagogik (man gestatte mir hier einmal dieses Wort »neu«) muß sich wahrscheinlich noch viel mehr als bisher der Gleichsetzung »Kind ist gleich Schüler« nicht nur bedauernd, sondern offensiv stellen. Sonst wird es der Schule gelingen, unsere heilpädagogischen Bemühungen, den in Not geratenen Kindern wirklich zu helfen, durch Aussortieren, Aussondern bis hin zum Ausschulen von Kindern, mit denen die Schule gar »nichts anfangen kann«, immer wieder zu durchkreuzen.

Daß die Schule im ganzen dieses – weiter gesehen – zum eigenen Schaden betreibt, weil sie durch das Entfernen der auffälligen Kinder den sogenannten gesunden Kindern die Chance nimmt, Mitmenschlichkeit zu lernen, sei hier nur kurz erwähnt, es gehört nicht direkt zu unserem Thema.

Wie man diese Kinder auch bezeichnen mag, ist sekundär. Die einfachste Bezeichnung ist diese: Sie sind arm dran, es geht ihnen schlecht. Ich behaupte: doppelt schlecht, weil sie gefühlsmäßig meist als selbst schuld an ihrem Zustand angesehen werden. Von der Umgebung, von der gesamten Öffentlichkeit wird ihnen weit weniger Aufmerksamkeit, Sympathie, Anteilnahme, Hilfsbereitschaft geschenkt als dem organisch geschädigten Kind. Die psychologische Situation etwa um die Aktion Sorgenkind ist ein Beispiel dafür. Die Bilder, die diesen Begriff anschaulich füllen, zeigen vor allem das körperbehinderte, auch noch das geistig behinderte Kind. Nur für diese gilt das umgangssprachlich sonst ganz anders verwendete Wort »Sorgenkind«. Die Not dieser Kinder wird als unschuldig anerkannt. Das verwahrloste, verhaltensgestörte Kind aber ist böse, es ›könnte schon, wenn es nur wollte‹. Es hat doch alles, was es braucht.

»Selber schuld«, besondere Hilfe nicht angebracht, ihrer nicht »würdig« – das negative Vorurteil gegen diese Kinder (das alle Heimerzieher, Pflegeeltern, Freizeitpädagogen usw. immer wieder fast am eigenen Leibe erfahren: »Wie können Sie sich mit solchen Kindern überhaupt abgeben, das bringt doch nichts als Mißerfolg und Undank«) wird noch verstärkt durch den Glauben an die biologische Fundierung *(Asperger)* von Schwererziehbarkeit. Das Fehlverhalten ist zwar oft (öfter als pädagogischer Optimismus gern glauben möchte) auch durch Anlagefaktoren (z. B. organische Hirnschäden) mitbedingt – aber dazu ist zu sagen:

a) Die Grenzen sind nicht genau zu bestimmen, weil die Erbträger meistens auch die entscheidenden Milieugestalter sind oder waren. Es ist kein Zufall, daß das Gros der verhaltensgestörten, dringend therapiebedürftigen Kinder aus Sozialwaisen besteht, aus unvollständigen Familien und aus der unteren Schicht kommt. Ein Beispiel sind die sogenannten »uneigentlichen Sonderschüler« *(Otto Speck)*, die aus sozialen Gründen in ihrer Lernfähigkeit zurückgeblieben sind. Wenn man sehr viele Heimkinder und ihre immer wieder neuen kleinen Biographien erlebt hat, dann weiß man, daß diese Gewordenheiten sich immer zusammensetzen aus Herkunft, Charakter, aber auch Armut und Schicksal. Ich habe da fast staunen gelernt über die Phantasie des Schicksals. Und wer will im Nachhinein den Knäuel entwirren, den Zustand genau in seine ätiologischen Bestandteile zerlegen?

b) Beim Vorliegen von Anlageschwäche ist es dann menschlich gesehen um so dringender, die schon von Haus aus geringeren Chancen für eine Entwicklung zu einem glücklichen Menschen ganz zu nützen, das geringere Maß also sorgfältig auszupflegen. In unsere Hand gegeben ist jedenfalls die Gestaltung seines jetzigen und seines weiteren Milieus.

Nicht nötig ist es, für unsere erste Frage »Welche Kinder gemeint sind« einen Katalog der möglichen Symptome der Gestörtheit aufzuzählen. Die Symptome sind zufällig, sie wechseln – und es dürfte (trotz des Vordrängens auch radikaler Methoden der Verhaltenstherapie) einer der wichtigsten Grundsätze der Heilpädagogik sein und bleiben, eben nicht nur die Symptome zu bekämpfen und rasch zu beseitigen (so wie der Arzt bei Masern nicht die roten Flecken direkt angeht), sondern das Kind zu heilen, indem man alles tut, daß es ihm wieder besser geht. Nur so viel schon jetzt zu den Symptomen: Stark auffällige, laute Symptome erreichen leichter die Beachtung (und manchmal die positive Reaktion) der Umgebung, während die leisen Symptome oft zu wenig Beachtung finden.

II. Die ›kleine‹ und die ›große‹ Heilpädagogik

Wie wird diesen Kindern Hilfe zuteil? Es gibt spezielle »heilpädagogische«, »therapeutische« Heime, es gibt gelernte Heilpädagogen (das sind meistens Sozialpädagogen mit einer Zusatzausbildung), Kinder- und Jugendlichentherapeuten (bisheriger Name: Psychagogen) – und es gibt Erziehungsberatungsstellen mit Diplompsychologen, Ärzten und Sozialarbeitern und Kliniken mit Sozialpädiatern und Jugendpsychiatern. Die Zahl der verhaltensgestörten Kinder steht aber in keinem Verhältnis zu der möglichen Zahl der Fachspezialisten und der speziellen therapeutischen Einrichtungen, auch der heilpädagogischen Sondergruppen in den Kindergärten oder kleinen Sonderklassen für schwierige Kinder in der Organisation der Schule. Da ist einmal die Kostenfrage (im Heim: monatlich 4.000 DM und mehr für ein Kind) und auch die Frage, ob der entsprechende Fachpersonalbedarf überhaupt zu erstellen wäre. Wünschenswert wäre sicher die Vermehrung der Zahl der Kinderpsychiater.

Die Grenze der »großen« Heilpädagogik – ich stelle sie einer kleinen, von »Laien« zu leistenden gegenüber – liegt aber, abgesehen von ihren Kosten und von ihrer Organisierbarkeit, noch näher, nämlich in der Sache selbst: in dem, was diese Kinder zuerst und vor allem brauchen. Es kann hilfreich sein, wenn ihre Mängel auch spezialtherapeutisch angegangen werden: im therapeutischen Einzelgespräch durch den Fachmann; in der Gruppentherapie; oder heilgymnastisch; oder logopädisch; oder auch ganz einfach schulisch in sehr kleinen Förderklassen oder -kursen, wie das heute in vielen Heimen für spätentwickelte Jugendliche zur Berufsfindung und auch in Jugendstrafanstalten (die im Grunde zur Heimerziehung gehören) mit

Erfolg geschieht. Und es ist sicher wichtig, daß in Zweifelsfällen die Frage nach möglichen organischen Ursachen des auffälligen Verhaltens in einer Klinik fachärztlich geklärt wird. Aber was diese Kinder in dem Zustand, in dem sie sich befinden, vor allem brauchen, ist dies: Menschen, die sie so wie sie jetzt sind, als ganze Kinder wahrnehmen, die sie annehmen und mögen – und einen Lebensraum eben mit dieser Luft, mit dieser Atmosphäre des Akzeptiertwerdens. Die »große« Heilpädagogik kann das nicht gut leisten, sie kann die hier zu beschreibende kleine Heilpädagogik nicht ersetzen, nicht mit verwirklichen. Die Therapiestunde ist zu Ende, was ist hernach, in den anderen Stunden des Tages? Wie sieht der Alltag im Leben dieser Kinder aus, ist es ein therapeutischer Alltag?

Die Grenze der Fachtherapie liegt auch darin, daß der Spezialist »nur Teile braucht«, daß die Aktivität des Helfens sich nur auf bestimmte Schädigungen konzentriert. Das Kind wird ›partialisiert‹.

Die Grenze liegt auch im Zeitproblem, im ›timing‹. Wenn Zeit mit das Wertvollste ist, was den Menschen gegeben ist, was ihnen gehört, so gilt das auch für die Kinder und ganz besonders für diese Kinder: zu ihrer Zeit, zur rechten Zeit brauchen sie die Hilfe. Aber das Therapiekind steht zunächst einmal auf der Warteliste, dann wartet es auf der Bank – und für die festgesetzte Stunde bringt es vielleicht gar keine innere Bereitschaft mit.

Der Heimleiter *Klaus Rainer Martin* wendet sich (in »Erziehung verhaltensgestörter Kinder«, Quelle und Meyer, 1979) dagegen, daß es zur vornehmlichen Aufgabe des Erziehers geworden ist, das Kind »von einer Therapiestunde zur anderen bereitzuhalten«; daß die Erzieher ohne eigene Kompetenz (wie Krankenschwestern in ihrem Verhältnis zum Arzt) nur noch Anweisungen von Spezialisten ausführen sollen und als Erzieher auch dem Jugendamt gegenüber anonym bleiben. – Den Grund dafür, warum Therapie heute »in« ist, sieht er (wohl mit

Recht) auch in folgendem: »Der Therapiegedanke hat Heimerziehung salonfähig gemacht. Ein schlecht erzogenes Kind schädigt das Sozialprestige der Eltern, ein psychisch krankes Kind aber erweckt »Mitleid« (und klingt wissenschaftlich).

Der heute bestehende Widerspruch zwischen Therapie und Pädagogik hat eine Parallele im Nachbargebiet Medizin. Durch die immer ausgefeilteren technischen Hilfen (die natürlich ihre positive Seite haben) ist die Medizin in Gefahr, zu einer Apparatur für Medizin-Ingenieure zu werden, in der dann die unmittelbare menschliche Beziehung keinen Platz mehr hat. Das betrifft auch die Kinderheilkunde. Beim Jahreskongreß der Kinderärzte 1979 wurde der Besorgnis Ausdruck gegeben, daß durch die Anwendung der Technik im Kinderkrankenhaus der menschliche Aspekt im Umgang mit den kranken Kindern immer mehr zu kurz kommt.

Besonders deutlich wird unser Problem auch in dem Teil der Jugendhilfe, der in den letzten Jahren sehr erfreuliche Fortschritte gemacht hat: im Pflegestellenwesen und in der Vermittlung von Adoptionen. Auch hier ist es so, daß alle (oder fast alle) in Familienpflege zu vermittelnden Kinder mehr oder weniger schon Problemkinder sind. Begegnet man ihnen »normalpädagogisch«, dann scheitert das Pflegeverhältnis oft sehr rasch wieder – schrecklich für das Kind, aber auch für die gutmeinenden, durchaus anständigen, aber eben nicht genügend vorbereiteten Pflegeeltern. Eine relativ große Zahl von Kindern wird aus Pflegefamilien (und auch aus Adoptionsfamilien) wieder zurückgegeben – meistens wieder in das Heim, in dem sie waren oder wieder in ein anderes Heim.

Aber nun ist die Spaltung in ›heilpädagogisch‹ und ›normal‹ von der Heimerziehung auch auf das Pflegestellenwesen übertragen worden – im Grunde zu unrecht wie in der Heimerziehung. Mit staunenswerter Selbstverständlichkeit wird von »heilpädagogischen Pflegestellen« gesprochen. Das hervorstechend Neue darin ist die im Gegensatz zu dem dürftigen Pflegesatz von früher großzügige Honorierung (bis zu 1.000 DM pro Kind im Monat und mehr). (Dagegen ist nichts einzuwenden. Eine Sache muß nicht schlechter werden, wenn sie teurer wird. Früher wurde in diesem Bereich allzu viel Opferbereitschaft »um Gotteslohn« verlangt.) Aber welche Heilpädagogik ist denn bei der heilpädagogischen Pflegestelle gemeint? Welche wird bei der Übergabe eines schon geschädigten Kleinkindes in die Adoptionsfamilie verlangt und vorausgesetzt? Die Fremdeltern sind doch meist Laien, aber sie müssen Heilpädagogik verwirklichen. Und auch wenn sie irgendeine entsprechende Vorbildung mitbringen (ein Elternteil ist Lehrer, Psychologe, Pfarrer, Sozialpädagoge, Krankenschwester), dann ist es nicht sicher, daß sie die Probleme mit ihrem seelisch kranken Pflege- oder Adoptivkind auch durchstehen. Statistiken aus den letzten Jahren zeigen sogar: Wenn man allzu optimistisch auf das Kriterium Vorbildung setzte, wurde man häufig enttäuscht, häufiger als bei nicht vorgebildeten, einfachen Pflegestellen. Letztere reflektieren zwar nicht so viel über ihre Probleme, aber bringen doch oft mehr verläßliche Bereitschaft mit, den Schwierigkeiten standzuhalten. So kann es denn heute sein, daß eine normale Pflegefamilie (mit dem amtlichen Pflegesatz von etwa 400 DM monatlich) einem sehr schwierigen Kind ein gutes eigenes Elternhaus durch alle Krisen hindurch ersetzt – und ein anderes, vielleicht sogar weniger schwieriges Kind in einer sehr teuren »heilpädagogischen Pflegestelle« trotz aller methodischen Überlegung, trotz aller Gutachten, Analysen, Diskussionen das Wichtigste nicht bekommt, nämlich – das Ertragenwerden, die Treue, das Durchhalten.

Die begrüßenswerte Aktivität, Heimerziehung durch Familienpflege zu ersetzen, zu entlasten, wird nur dann erfolgreich sein, wenn die Fremdeltern schon bei der Vermittlung und dann in der beratenden Begleitung mit den einfachsten heilpädagogischen Grundsätzen vertraut gemacht werden. Dies geschah bis jetzt zu wenig. Auch gerade für diese Gespräche und auch für vorbereitende Schulungen von Bewerbern für ein Pflegekind oder für ein Adoptivkind will diese kleine Heilpädagogik Überlegungen bereithalten.

Ähnliches gilt – wenn auch nicht so elementar – für die Arbeit in familienergänzenden Stätten, für Kindergärten und Horte. Mit der Vermehrung von Plätzen in den Kindertagesstätten (»Hauptsache versorgt«) ist es nicht getan. Jeder Erzieherin im Kindergarten (für den Hort gilt das noch viel mehr) fällt heute die Aufgabe zu, gerade den auffälligen drei-, vier- und fünfjährigen Kindern in der Kindergartengruppe und den vielen schwierigen zwölfjährigen Kindern im Hort wirklich gerecht zu werden. Das darf für sie, menschlich gesehen, kein lästiges Nebenbei sein, sondern sie sollen darin eine ihrer wichtigsten, ja schönsten Aufgaben sehen, weil es eben um die Kinder geht, die in ihrer eigenen Familie Wesentliches entbehren müssen und auf ihrem weiteren Weg in die Schule und ins Berufsleben zum unglücklichen und vielleicht auch zum kriminellen Außenseiter werden, wenn sie nicht jetzt schon zusätzlich gute Hilfestellung erfahren. Von den Grundregeln heilpädagogischen Umgangs mit Kindern müssen sie mehr als nur eine Ahnung haben. Wieviel davon bekommen sie von ihren Fachschulen mit? Wieviel davon gibt ihnen die Fortbildung? Die Gefahr besteht, daß nicht ›gewärtig‹ gemachte Erzieherinnen immer wieder allzu leicht bei der Hand sind mit dem wiederholten Stellen dieser Kinder »vor die Tür« – oder sogar mit der Rückgabe dieser Kinder an die Eltern, obwohl gerade dort die Schwierigkeiten entstanden sind und wieder vermehrt werden.

III. Leichter gesagt als gelebt

Ich hoffe, den Bedarf genügend deutlich gemacht zu haben. Die Zahl der Fachheilpädagogen ist begrenzt. Sie sehen das Kind auch nur in kurzen Zeitabschnitten. Sie untersuchen, schreiben Gutachten, Empfehlungen. Manche gelangen im übrigen gar nicht mehr bis zu den Kindern selbst, sondern bilden aus- und »fort«. Bei wem sind die Kinder wirklich? Bei den sogenannten »Laien«, bei Erziehern im Heim, bei den Ersatzeltern oder wieder bei den eigenen Eltern, bei Kinder- und Jugendbetreuern aller Art, in der Schulzeit beim Lehrer – zufällig bei einem verständigen? Diese sollen dem Kind helfen, so gut es unter den gegebenen Bedingungen möglich ist. *Bruno Bettelheim* erläutert dies einmal so: »Ich habe schwer gestörte Kinder gekannt, die mit wenig Hilfe auskommen konnten, weil die sie behandelnde Person ganz aufrichtig eingestand: das, was sie für das Kind tue, sei bei weitem nicht das, was wünschenswert wäre. Wenn das dem Kind mit Bescheidenheit gesagt wird, kann es mit dem Wenigen, das man ihm geben kann, viel anfangen.« Dieses Wenige, das in Wirklichkeit viel ist, gilt es den Laien bewußt zu machen, nahezubringen.

Dieses Nahebringen wird aber dann eher gelingen, wenn wir – bevor wir dann das Inhaltliche überlegen – einiges Methodisch-Didaktische bedenken, und zwar auf Grund dieser Ausgangslage bei den genannten Partnern dieser Kinder:

a) Diese Kinder *sind* schwierig – und es liegt nahe, darauf negativ zu reagieren.

b) Wir müssen bei den Adressaten mit dem Vorbehalt rechnen: Ich kann das nicht, ich bin kein »Heilpädagoge«.

Die von Erziehern, Ersatzeltern zu leistende kleine Heilpädagogik, die ich im folgenden mit einigen Regeln und in den einzelnen Schritten und Bereichen beschreiben möchte, besteht zunächst in der einfachen Bereitschaft, für diese Kinder da zu sein, noch deutlicher: sie zu ertragen. Diese Kinder sind schwierig, unruhig, aggressiv, oder verstockt und »falsch«, mißtrauisch, unberechenbar, streitsüchtig, gewalttätig, sie stören die Gemeinschaft, sie stören immer wieder den Frieden. Es liegt nahe, darauf mit Ablehnung, mit Sanktionen, mit Strafen zu reagieren oder sie zumindest unsympathisch zu finden und links liegen zu lassen – also das zu tun, was diese Kinder in ihrer Verkrampfung verfestigt, und gerade das zu versäumen, was sie jetzt bräuchten, um aus ihrer Sackgasse herauszukommen. Eine mögliche Erlebnisverarbeitung wird durch diese normale Reaktion zusätzlich gestört, es kommt zu einem verstärkten Fehlverhalten, zu einer »sekundären Neurotisierung«. Das normalpädagogisch durchaus übliche konsequente Festhalten an dieser Folgekette (du tust das, und das hat jeweils diese Folge) führt auch zu dem, was man in der Theorie über auffälliges Verhalten heute eine »Stigmatisierung« nennt.

Aber wie anstrengend dieses Ertragen, das Nichtreagieren aus Verstehen, dieses scheinbare »Nichtstun« ist – wer merkt das, wen beeindruckt das schon? Das ist überhaupt ein Problem der Anerkennung dieser beruflichen Leistung: Was tun sie schon, die Pädagogen: die geduldige Mutter, der Lehrer, der die Schüler beaufsichtigt, die Kindergärtnerin, die mit den Kindern spielt? Aber hier kommt noch ein Aufwand an Mühe, an Leistung hinzu, der für Außenstehende noch unsichtbarer ist. Wenn ich das »böse« Kind als Einziger verteidige, schütze und auch nicht zulasse, daß es von der Umgebung her Sanktionen unterworfen wird, dann bekomme ich es auch noch mit diesen Anderen zu tun. Was dann an weiteren negativen Äußerungen nicht passiert, also verhindert wird, gerade das ist nicht meßbar und nicht vorzeigbar.

Darauf müssen wir die Praktiker hinweisen, damit sie damit rechnen und nicht enttäuscht werden. Es wird kaum einmal registriert oder gar belohnt (wie besondere Leistungen in anderen Berufen), wenn ich einem schwierigen Kind aus seiner Sackgasse herausgeholfen habe. Bemerkt es der Schulrat? Ich habe oft das Gegenteil erlebt: Er rügt die mangelnde Disziplin. Registriert es das Jugendamt gegenüber der Pflegemutter mit Anerkennung? Es wird oft als selbstverständlich hingenommen. Bemerkt es der Heimleiter gegenüber der Erzieherin, die vor einem Jahr diesen besonders schwierigen Jungen aufzunehmen, zu verkraften hatte, der nun ein ganz anderes Kind geworden ist?

Das heilpädagogische Tun des Ertragens, der ersten Schritte ist gar nicht selbstverständlich. Es ist leichter gesagt (in Gutachten und Empfehlungen verlangt) als getan, wieder getan, durchgehalten. Es ist leichter gesagt als – gelebt! Wer es aber tut, leistet bestimmt nicht weniger als der andere, der darüber reflektiert, was zu tun sei, der ein Gutachten schreibt, der eine therapeutische Konzeption entwirft.

Ich habe immer wieder die Erfahrung gemacht, daß es notwendig ist, die Praktiker auf diese Sachverhalte hinzuweisen, um dazu beizutragen, daß sie selbstbewußter werden und mehr Mut gewinnen. Es besteht immer noch ein Gefälle von Selbstbewußtsein unter den pädagogischen Berufen – etwa zwischen einem Studienrat und einer Kindergärtnerin –, das fast im umgekehrten Verhältnis zu der tatsächlichen inneren Leistung steht. Und es besteht eine gewisse, unberechtigte Unsicherheit der Praktiker, die in Wirklichkeit schon immer die mächtige Schulpädagogik – -und das hier hypothetisch ›große‹ Heilpädagogik genannte Feld – als Sozialpädagogen mit dem Element »menschliches Verständnis«, »Schonung der Schwäche«, »Zuwendung« angereichert, erträglich gemacht und deren schlimme Folgen abgewendet haben.

Woher kommt diese Unsicherheit (die eine Effektivität ihres Tuns vermindert, abschwächt)? Zunächst ist geschichtlich gesehen alle nicht-schulische Pädagogik immer noch unterbewertet.

Das ändert sich nur langsam (auch die Anerkennung des Volksschullehrers selbst hat ja lange gedauert). Verstärkt wird diese Unsicherheit aber heute neu durch eine die niedere Arbeit mit den Kindern selbst eher abwertende wissenschaftliche Pädagogik. Das betrifft auch die oft praxisfremde (weil von vielen Dozenten mit zu wenig eigener Praxiserfahrung durchgeführte) Ausbildung. Die (durchaus notwendige) Professionalisierung pädagogischen Tuns wurde leider oft mit Akademisierung gleichgesetzt. Eine nur schwer oder gar nicht mehr verständliche Fachsprache kam hinzu. Sie schreckt den Praktiker ab und macht manchen im Stillen zu einem Skeptiker aller Theorie gegenüber. Theoriefeindlichkeit, mangelnde Bereitschaft, eigenes Tun doch auch immer wieder zu reflektieren, schadet aber der Sache sehr, weil sie den anderen, den »erfahrenen« Praktiker erzeugt, der allzu selbstsicher nicht mehr über den Zaun zu sehen bereit ist und immer schon »weiß, was zu tun ist«.*

Da gilt es also, eine Mauer zu durchbrechen, dieses Alles-oder-Nichts aufzugeben (»Was du machst, ist doch laienhaft« – »Ich kann das nicht«), ein neues Verhältnis zum nichtprofessionellen Tun (z. B. bei Pflegeeltern) in der Pädagogik überhaupt zu finden.

Wenn ich als Heimleiter der Erzieherin oder den Pflegeeltern, die ein Kind von uns übernahmen, sagte: Mach du jetzt

---

* Hinzu kommt, daß von einer Wissenschaft, welche die Aufgabe hat und bisher auch erfüllte, uns in besonderer Weise beim Verstehenlernen zu helfen, heute oft keine Hilfe mehr zu erwarten ist: von der Psychologie. Darauf weist *H. E. Richter* hin, wenn er von der »anderen Psychologie und Psychotherapie« spricht, die »das Psychische mit dem gleichen mathematischen und technischen Vorstellungen zu erfassen sucht, mit denen sich die materielle Welt erfassen läßt... Diese Psychologie kümmert sich nicht mehr um die höchst persönliche Erlebensweise, in der das Ich sich nicht von seinem Gegenstand trennen läßt... Viele tausend Studenten, die das Psychologiestudium gewählt haben, weil sie sich für das Innere der Menschen interessieren, erfahren zu ihrer Verwunderung, daß Psychologie angeblich mit diesem Inneren nichts zu tun habe. Diese Psychologie identifiziert das Psychische mit dem, was sich daran zählen und messen läßt... Es gibt keine innere Verursachung. Störungen sind einfach falsches Verhalten, das durch Umlernen geändert werden muß.« (*H. E. Richter,* Der Gotteskomplex, 1979, S. 176)

nur dieses Einfache, Vordringliche (du mußt das Kind nur wirklich mögen und bereit sein, den sicher kommenden Herausforderungen dann standzuhalten), dann war ich sicher, der Sprache aller bedeutenden Heilpädagogen zu folgen, die ich aus der Fachliteratur kenne und die ich noch persönlich kennenlernen durfte. Sie drücken sich alle erstaunlich einfach aus: *Aichhorn* z. B. oder *Hanselmann, Elisabeth Rotten, Alfred Nitschke, Elisabeth Heimpel, Hermann Nohl, Gertrud Hermann, Gustav von Mann, Hans Zulliger, Paul Moor.*

Die nun folgende Beschreibung ist entstanden aus Konferenzen und Einzelgesprächen im Heim, das ich lange geleitet habe; aus vielen Gesprächen auch mit Erziehern anderer Heime; aus Gesprächen mit Eltern, die in der Betreuung ihrer Kinder mit und ohne Schuld versagten und die wir in unsere Arbeit im Heim mit einbezogen haben; mit vielen ledigen Müttern, mit geschiedenen Eltern, mit Eltern, die ihr Kind mißhandelt haben und deshalb eine Strafe zu verbüßen hatten; aus Gesprächen auch mit Lehrern (aller Schularten), und zwar vor allem mit solchen, die genau gespürt haben, welche Kinder in ihrer Klasse besondere Zuwendung brauchen; aber auch mit solchen, die sich darauf hinausredeten, dafür wäre die Schule eben nicht da, sie habe »Wichtigeres zu tun«. Das Gleiche gilt für Erzieherinnen im Kindergarten, für Meister, Vorarbeiter in Lehr- und Arbeitsstellen. Viel gelernt habe ich insbesondere aus Gesprächen mit Pflegeeltern und Adoptiveltern – und zwar sowohl mit solchen, die ein Kind von uns übernommen haben und mit denen wir dann weiterhin beratend im Gespräch blieben, als auch mit solchen, die ein angenommenes Kind nicht behalten wollten und über das Jugendamt im Heim wieder »ablieferten«. Ein interessantes Erfahrungsfeld für unser Thema stellen die Patenschaften für Heimkinder dar. Mit das Wichtigste aber lernte ich (und lerne ich noch) aus Gesprächen mit Kindern und Jugendlichen selbst – zur Zeit ihres Heimaufenthaltes, aber vor allem auch nachher, mit den ›Ehemaligen‹ also, auch mit jetzt groß gewordenen Pflege- und Adoptivkindern, die dann ihre eigene Kindheit selbst interpretieren und sehr sicher angeben, was für sie wichtig war (und was nicht). Sie sind im Grunde die Zuständigen. Sie wissen, worauf es ankommt.

Was ich von den Kindern selbst und aus unseren Bemühungen für sie erfahren zu haben glaube, wurde ergänzt durch die Lehre des *J. H. Pestalozzi,* des ersten Sozialpädagogen, Kinderpsychologen, Heimerziehers, Heilpädagogen – der viele Nachfolger gefunden hat für einen langsamen Fortschritt im Verstehen von armen Kindern (»arm« in alten und neuen Ausprägungen). In die folgende Ratgebung eingegangen ist auch die Beschäftigung mit bildender Kunst, mit Musik, mit schöner Literatur. Künstler und Dichter sagen das eigentlich Pädagogische oft besser, souveräner, befreiender als die wissenschaftliche Fachpädagogik (die uns in den letzten Jahrzehnten arg im Stich gelassen hat). Ich denke da an *R. M. Rilke, H. Hesse,* an *Exupéry* (»Nichts ist vollkommen, sagte der Fuchs«) oder an den großen Anreger *Paul Klee,* seine Bilder und Aussagen (»Wenige können erziehen, ohne zu töten«), an *Franz Marc,* der – was für ein Symbol! – »für Walterchen«, das Kind seines Freundes Macke, das ›Blaue Pferdchen‹ gemalt hat.

Der Leser, der es mit den Kindern, wie ich sie beschrieben habe, zu tun hat, wird nun im folgenden oft das finden, was er selbst schon weiß, irgendwann angewandt hat – also keine neuen Entdeckungen, nichts ganz ›tolles Neues‹, wonach unsere raschlebige Zeit immer wieder Ausschau hält. Aber vielleicht ist es für unsere Sache gerade gut, das einfache Geschehen im guten Umgang mit diesen Kindern aufzuschreiben und sich bewußt zu machen, damit es nicht vergessen wird.

IV. Die sieben Regeln

Die Beschreibung einer Kleinen Heilpädagogik hat 7 Teile und betrifft im einzelnen:

1. das Wahrnehmen des Kindes,
2. das Ausverwahrlosenlassen,
3. die Sorge für das Angenommenwerden des Kindes in seiner Gruppe und in seiner weiteren Umgebung,
4. die Lebensperspektive des Kindes,
5. die musisch-künstlerischen Mittel,
6. den religiösen Aspekt,
7. den Erzieher selbst.

Regel 1

Das Kind in seiner Eigenart wahrnehmen und es so akzeptieren, wie es ist

oder: das Gesetz des ›Zuerst‹

»Wahrnehmen« – das Wort habe ich als Heimleiter oft gebraucht, wenn es galt, neuen Mitarbeitern zu erklären, was denn im Umgang mit unseren Heimkindern das Wichtigste sei. Es handelt sich dabei um ein Tun, um ein Vorgehen, das so einfach und selbstverständlich zu sein scheint, daß es in Gefahr ist, heute unter dem allgemeinen Verlust der Einfachheit (auch im erzieherischen Denken und Handeln) übersehen und verschüttet zu werden von neuen Konzepten, auch von manchen Schlagwörtern.

Wir können davon ausgehen, daß es hier um ein Grundbedürfnis des Menschen geht. Wahrgenommen werden in seiner Eigenart, nicht anders sein zu müssen, als man ist: auch jeder Erwachsene hat dieses Bedürfnis nach Anerkennung, Bestätigung seiner »Anderheit« *(M. Buber).* Wir sind immer wieder in Gefahr, dieses erstaunliche Phänomen zu wenig zu bedenken: das unwiederholbar Einmalige jedes Lebewesens und eben auch des Menschen, jedes Kindes. Kein Fingerabdruck ist dem anderen gleich, wieviel wichtiger ist die Unterscheidung in anderen, tieferen Lebensbereichen. In einer Geschwisterreihe ist jedes Kind anders. Es gehört zum pädagogischen Denken überhaupt, sich dies immer wieder bewußt zu machen – und »Heilpädagogik ist nichts anderes als Pädagogik« *(P. Moor),* nur eben bei erschwerten Gewordenheiten, bei Kindern mit besonderen Erziehungsbedürfnissen.

Wahrgenommen, bejaht, nicht übersehen zu werden – davon erfährt das normale Familienkind in reichem Maße von Geburt an. Wie sehr sogar das schon angenommene Kind immer weiter darauf angewiesen ist, zeigt sich zum Beispiel, wenn ein Geschwisterchen kommt. Schon wird es wieder unsicher: Wie steht es nun mit mir? Mögt ihr mich noch? Unser Kind aber wurde bisher gar nicht oder viel zu wenig wahrgenommen. Da war vielleicht schon in der ersten Frühphase seines Lebens niemand da, der es freudig begrüßte als ›das einzige, das schönste Kind, das es gibt‹ (genau das müßte jedem Kind zu Beginn des Lebens einmal passieren, einzig zu sein für jemand, um dann später zur Loslösung fähig zu werden). Was oft entscheidend fehlte, war die Mutter – und mit ihr die erste wichtigste Lebenserfahrung, daß es Liebe überhaupt gibt! *Rilke*, der das »Lied der Waise« gedichtet hat (»Ich bin niemand und werde auch Niemand sein«), schreibt einmal in einem Brief: »Wem die

Mutter nicht den Weg in die Welt gezeigt hat, der sucht und sucht – und kann keine Türe finden.«

Oder unser Kind hat dann später sein Zuhause wieder verloren, die Pflegepersonen und der Lebensraum wechselten; neues Beachtet-, Angenommenwerden hatte keine Dauer, und übrig blieb jetzt, im Alter von 4 oder 7 oder 12 und auch noch viel später ein ungestillter Hunger nach Zuwendung, Sicherheit, Geborgenheit. Die Krankheit dieser Kinder heißt: Ich-Armut – wer bin ich denn?

Ist das Versäumte nachzuholen? Ist ein Nachbergen überhaupt möglich? Wer das Bemühen darum kennt, muß wohl gestehen: Leicht ist es nicht, es gleicht oft einem abenteuerlichen Unterfangen. Oft meint man, dem harten Gesetz des Zuspät zu begegnen – und dann öffnet sich doch wieder der Weg zu einem neuen Vorankommen. Die Bereitschaft, neue Erfahrungen überhaupt nochmal machen zu wollen, muß erst wieder geweckt werden. Je früher man damit beginnen kann – und dann besonders dies: je kontinuierlicher sich das Bemühen zeigt –, desto eher kann das Kind doch noch glücklich werden. Sicher: »Erziehen« kann man ein ungeborgenes Kind zunächst nicht, man muß es zuerst bergen; versuchen, es nachzubergen; es von Druck und Not zu befreien und damit seine Kräfte entbinden, seien sie groß oder klein.

Wie geht das Nachbergen? Wie sieht es aus? Es kommt aus dem Wahrnehmen. Wer das Kind wirklich behutsam wahrnimmt, von außen nach innen, dem wird es nicht schwerfallen, eine ganz individuelle Phantasie dafür zu entwickeln. Wichtig ist zunächst dies: Es eilt, ich darf mich jetzt durch nichts davon abhalten lassen. Es braucht jetzt vor allem meine Zuwendung – ganz ohne Vorbehalte und ohne die Bedingung, dafür gleich etwas zurückzubekommen.

Nachbergen heißt wahrnehmen – dies zunächst auch ganz wörtlich gemeint: auf das Kind zugehen, es anschauen mit verweilendem Blick, bei der ersten Begegnung und dann immer wieder, beim Weggehen und beim Wiederkommen. Anschauen – das ist besonders bei schon etwas größeren Kindern die legitimste Form von Zärtlichkeit:

Aus dem Leben bei einem innerafrikanischen Negerstamm erzählte mir ein Besucher: Die Menschen begrüßen sich dort mit dem Satz »Ich schaue dich an«. – Bei *Alfred Adler* heißt es einmal: »Wie einer den anderen ansieht, darin liegt die Vorbereitung zur Verbindung und der Ausdruck der Verbindung mit dem anderen.«

Diese Kinder (die Altersgrenze nach oben ist hier weit zu sehen) wollen aber auch ganz kräftige körperliche Zärtlichkeit erleben, das körperliche Ganz-nah-sein-Dürfen, allein oder etwa bei der Vorlese-Viertelstunde vor dem Zu-Bett-Gehen. *Fritz Redl* (»Kinder, die hassen«) weist da mit Recht einmal darauf hin, daß diese Kinder angesichts ihrer Ängste manchmal nichts weiter brauchen als eine sofort und immer wieder verabreichte »zusätzliche Menge von affektiver Zuwendung«. Er fährt aber fort: »Kinder mit schweren Ich-Störungen haben es aber oft nicht leicht, die herkömmlichen Formen von Zuwendung zu akzeptieren; sie können manchmal nicht einmal das Bedürfnis danach eingestehen« – im Gegenteil, sie provozieren mich mit Aggressionen und anderen negativen Annäherungsversuchen, die leicht falsch verstanden werden (»ja, wenn du eben nicht willst«). Da gilt es, hindurchzusehen – und wenn meine Zuwendung echt ist, dann bleibt es doch nicht aus, daß sie schließlich doch einmal ankommt.

Nachbergen – das heißt dann auch: beim Namen nennen (wie wichtig, daß ich das und wie ich das tue!); sich interessieren für das, was das Kind tut, Anteil nehmen an seinem Spiel, an den Dingen, die es hat; herausfinden, was es gerne ißt; Freude bereiten, wie die Eltern es tun bei ihren Kindern; es schön anziehen; beim Kleidereinkaufen darauf sehen, was dem Kind gut steht; »Alleinerlebnisse«, das heißt, Unternehmungen mit ihm ganz allein organisieren. Die Aktivitäten, die vielen Kleinigkeiten, um die es geht sollen eingebettet sein in die Gesamtatmosphäre des Zusammenlebens.

Zu dem Begriff »Kleinigkeiten« schreiben *H. J. Trüper:* »Für den Lebensbereich des Kindes ist alles, was ihm begegnet, von Wichtigkeit... Wir befinden uns in dem Bestreben, unsere Erziehungsarbeit zu beschreiben, immer in der mißlichen Lage, Dinge auszusprechen, die für jede Erziehungsarbeit Selbstverständlichkeit sind, deren Erwähnung man sich also ersparen könnte. Und doch sind sie für unsere therapeutische Arbeit in besonders grundsätzlichem Sinn wichtig. Denn die große Linie unserer Therapie bestand weitgehend in der Fülle all dieser Kleinigkeiten, die bedacht werden mußten.« (»Ursprünge der Heilpädagogik«)

Wahrnehmen heißt dann weiter: den Stand der Entwicklung des Kindes erkennen. Wie steht es mit seiner körperlichen Gesundheit? Welche ärztlichen, welche fachärztlichen Klärungen und Hilfemöglichkeiten stehen aus? Wie sieht sein schulisches Vorankommen aus? (Hier muß man vorsichtig versuchen, daß das Nachbergen, jetzt unser primäres Anliegen, nicht durch eine harte Schulsituation gestört wird; darauf muß ich später noch ausführlicher eingehen). Und dann vor allem: Wie sieht denn das Zuhause des Kindes aus? Gerade in diesem Punkt ist als erstes Takt erforderlich, insbesondere wenn es um problematische, abzulehnende Angehörige geht. Ich weiß um die häuslichen Verhältnisse des Kindes, spreche aber (noch) nicht davon. Aber da ist Leid, oft schwer zu ertragendes kindliches Leid: Vernachlässigung, Stiefkindsituation, Mißhandlung, Scheidung der Eltern, Verlust der Pflegestelle oder was auch immer – und da hilft kein billiger Optimismus (»Es wird schon wieder«). Trösten kann nur wirkliche Anteilnahme von der Art, daß man selbst mitempfindet, um das Kind bangt. Ich weiß um sein Leid; auch darum, daß es davon vielleicht noch nicht sprechen mag, daß es nur nachts im Bett »sein Herz ausweint« (wie es in einem Gedicht *J. Kerner* heißt). Ich bin bereit, dem Kind einfach nahe zu sein und ihm auch ganz konkret weiterzuhelfen. (Wie das im Zusammenhang mit seinem Lebensschicksal vorangehen kann, möchte ich in der Regel 4 beschreiben.)

Das Wahrnehmen, das Anschauen, das Sich-Kümmern hat Folgen. Das Kind beobachtet auch mich – und allmählich begreift es dieses Neue: Da ist jemand, für den bin ich wichtig, der nimmt sich Zeit, der kümmert sich um mich! Nicht selten erlebt unser Kind so etwas zum ersten Mal. Identitätsbildung wird erleichtert oder beginnt neu (»Ich bin jemand, weil mich jemand mag, für wichtig hält.«) Da wird etwas von der ursprünglichen Funktion der Mutter, von Eltern, verwirklicht. Und es wird etwas von dem Grundgesetz der »gratia praeveniens« (zuvorkommende Gnade, »ich werde zuerst geliebt«) Wirklichkeit, – einem Gesetz, das in einem tiefinneren Zusammenhang steht mit der Möglichkeit, Identität auch noch in einer anderen Dimension zu gewinnen, nämlich Gott erfahren zu können. »Nicht die Vernunft, sondern das Herz erfährt Gott.« *(Pascal)*

Das Kind beginnt sich wohler zu fühlen, es geht ihm besser. Und allmählich geschieht auch »Erziehung« so wie ein selbstverständliches Nebenbei – ohne den ständigen Kraftakt, der immer dann anzuwenden ist, wenn eben das Gesetz des Zuerst nicht erfüllt ist. Erziehung – auch unser Kind muß ja lernen, etwas hinzunehmen, was unumgänglich ist; sich anzustrengen; ertragen lernen, wenn ihm etwas versagt wird. Wie kommt es zu dieser Bereitschaft, den im Größerwerden unausbleiblichen, sich steigernden Anforderungen (nicht bloß in der Schule) standzuhalten, nicht auszuweichen? Antwort: Wenn die Anforderung jetzt von einem Menschen kommt, von dem sich das Kind ganz akzeptiert weiß. Vertrauen schafft Vertrauen. Wer akzeptiert wird, kann auch andere (und anderes) akzeptieren. Dieses Wachsen und Reifwerden braucht auch unser Kind, denn die besondere Hilfe, die es von mir erfährt, ist zeitlich begrenzt und kann immer nur »Hilfe zur Selbsthilfe« sein. *Pestalozzi:* »Einmal wird dir kein Mensch mehr helfen, du selbst mußt dir helfen.«

Das beste Mittel in diesem Bemühen und in diesem Prozeß (zu vertrauen und zu reifen) ist dann immer wieder das Gespräch. Heutzutage wird sehr viel von der Notwendigkeit des Arbeitens im Team gesprochen (mit Recht: Wir kommen auch in dieser Beschreibung unseres Tuns noch ausführlicher an diesen Punkt), aber das Gespräch zu zweit ist damit nicht zu ersetzen. Das Kind muß immer wieder ausdrücklich erfahren, daß es von mir bestätigt, akzeptiert bleibt, denn es ist ja immer wieder enttäuscht worden und es mißtraut im stillen noch lange unserem Angebot. Daß es selbst akzeptiert bleibt, auch wenn ich das, was es tut, einmal tadeln muß. Diese Unterscheidung ist wichtig – und man muß sich selbst diese Unterscheidung immer wieder bewußt machen. Das Begriffspaar »Urvertrauen und Urmißtrauen« *(Erikson)*, das den Sachverhalt in der Tiefe gut trifft, steht da im Hintergrund.

Das gute Gespräch, das Vertrauen gibt und neu ermutigt, ist eine Kunst. Sie kann auch erlernt werden. Es gilt, sie immer besser zu lernen.

Es gibt dazu nicht viel, aber doch einige Literatur: *Lattke*, Das helfende Gespräch (Lambertus) – *Garrett*, Gesprächsführung; *Grüninger*, Das Gespräch mit Kindern (beide: Schriftenreihe der Schweizerischen Vereinigung Sozialarbeitender, Bern) – *Möller*, Die Kunst der Gesprächsführung (Furche) – *Weber*, Wege zum helfenden Gespräch (Reinhardt, München) – Schließlich darf ich noch hinweisen auf das Kapitel »Das Gespräch, das königliche Mittel in der Bemühung um Lebenshilfe für das Heimkind« in meinem Buch »Heimkinder. Gesammelte Aufsätze der Geschichte unserer Gegenwart der Heimerziehung« (Reinhardt, München).

Regel 2

Ausverwahrlosen lassen
oder: das Festhalten am Symptom

Wenn wir einmal die richtige Einstellung gegenüber dem schwierigen (besser: dem gestörten) Kind haben, dann ist alles Weitere nichts anderes als die richtige Folge aus dieser Einstellung und im Grunde einfach. Was steht an: als Erstes – vor allem anderen, vor der Situation in der Gruppe, in der Schule, zu den Angehörigen usw. – das Akzeptieren des Kindes, so wie es jetzt ist, und das heißt vor allem: auch mit seinen Fehlern, den »Verwahrlosungssymptomen«. Dies sei als Aufgabe, deren man sich bewußt werden muß, nochmal betont, begründet und in allen Konsequenzen analysiert.

Irgendjemand hat unsere Situation einmal als »Abholvorgang« bezeichnet: Das Kind kommt nicht von selbst, man muß es dort abholen, wo es sich innerlich befindet. Viele dieser Kinder bleiben eben nicht abgeholt.

Es gilt, das Kind nicht nur theoretisch, sondern ganz konkret zeitweise von dem Zwang zu einem regelhaften Verhalten freizustellen. Es kann sich nicht von heute auf morgen bessern, wir müssen es sozusagen aus-verwahrlosen lassen.

Was zunächst unbedingt aufhören muß, wenn eine neue, befreiende Entwicklung einsetzen soll, ist dies: die kränkende Konfrontation mit den eigenen Fehlern, mit dem eigenen Versagen. Wir müssen »die Erkennenden sein, den Zusammenhang sehen« *(A. Adler)*. Es braucht jetzt den längeren Atem eines reifen, ganz zu ihm stehenden Partners.

Seine sogenannten Verwahrlosungs-Symptome hat sich das Kind als Waffe, als Überlebenschance ›zugelegt‹. Das Kind ist ja aufgewachsen »wie im Feindesland« *(A. Adler)*. *Bettelheim* meint, diese Symptome der Verwahrlosung seien ihm sogar ein

»wertvoller Besitz«, an dem es hartnäckig festhält. Ein Panzer, den es nicht aufgeben will, bis ihm eine andere Erfahrung zuteil wird, bis wir ihm den Mut zum Sein, zum Dasein neu eingeflößt haben.

Es muß selbstverständlich sein, daß ich von Strafe absehe; sie hat keinen Zweck. Der junge Mensch braucht Zeit: Jetzt und noch auf längere Zeit hat er es nötig, auf negative Weise seine Umgebung auf sich aufmerksam zu machen, in Aufregung zu versetzen und sich damit Beachtung zu verschaffen. Er wird dies einmal nicht mehr nötig haben, wenn wir ihm Zeit lassen.

F. G. Lennhoff erklärt in seinem Buch »Problemkinder« (Aus der Arbeit einer Therapie-Heimschule mit emotional gestörten Kindern und Jugendlichen. E. Reinhardt Verlag, München, 1967) diese Sache einmal so: »Die Erwachsenen müssen sich bei uns neu einrichten, wenn sie mit diesen Kindern zusammentreffen; denn wir erlauben einem neuen Kind, seine Symptome frei zu zeigen, damit wir deren Ursache entdecken und Wege finden können, ihm zu helfen.«

Der Heilpädagoge muß dann, auch wenn er die Bereitschaft zum Ausverwahrlosen-lassen mitbringt, auch weiterhin ›gewärtig‹ sein. Wer diese Kinder kennt und die Bemühungen, ihnen durch Übersehen, Nicht-Beachten ihrer negativen Verhaltensweise oder Reaktionen zu helfen, der weiß davon: die Kinder fordern den Therapeuten immer neu heraus; sie wiederholen – sicher getrieben aus dem unbewußten, noch tief sitzenden Mißtrauen – den »Test«: Wie fest stehst du eigentlich zu mir? Du hast dich nun ganz schön bewährt – aber jetzt tue ich dann etwas, wo auch du mir gegenüber wieder versagen wirst wie alle! Meine Weltansicht, mein Mißtrauen wird sich wieder bestätigen: Mich nimmt niemand an, mit mir ist es nichts, ich muß im Abseits bleiben.

Ich will an zwei Beispielen aus unserem Heim illustrieren, wie notwendig das Ausverwahrlosen-Lassen ist; welch ein Teufelskreis sich da bildet, wenn die beteiligten Erwachsenen die innere Situation nicht verstehen. Hier handelt es sich um einen Standardvorgang insbesondere auch bei Pflege- und Adoptiveltern, die ihre weitere Zuneigung zum angenommenen Kind oft allzu schnell abhängig machen von dessen Gegenliebe und von dessen Wohlverhalten.

Ich berichte von *Alexander*, heute 18 Jahre alt. Mit 2 ½ wurde er von Pflegeeltern (selbst kinderlos) aus dem Säuglingsheim abgeholt. Der kleine hübsche Junge gefiel ihnen. Es war 1962, da waren die schrecklichen großen Säuglingsheime noch üblich. Die Heimschäden waren deutlich: A. zeigte sich völlig passiv, konnte nicht lachen, noch kaum sprechen, wirkte ganz apathisch. Bei sehr korrekter äußerer Pflege begann nun das gegenseitige Warten. A. konnte nicht rasch genug Gegenliebe zeigen. Reaktion der naiven Pflegeeltern: Enttäuschung, beginnende und sich steigernde Ablehnung. Reaktion des Kindes: Zurückhaltung, Starre, Unglücklichsein verstärkten sich. Das Kind spürte das Nicht-Angenommensein. Die Eltern fühlten sich daraufhin noch mehr in ihrer Erwartung enttäuscht – und A. wurde noch schwieriger. Da gab es einen Brief an das Jugendamt: »A. kotet wieder ein. Rechnung für zerrissene Bettwäsche liegt bei. A. ist ein besonders schwieriges Kind. Wir werden es kaum behalten können.« Es dauerte länger als ein Jahr, bis der schreckliche Teufelskreis endete und die Eltern das Kind wieder loswurden. Als besonders schwieriges Kind kam A. dann zunächst noch in die Klinik, wo es nochmal fast ein Jahr lang blieb und wo man seine Symptome registrierte und Gutachten schrieb. Wir nahmen A. auf Anfrage in eine unserer Familiengruppen. Das Kind hatte das Glück, sehr lange von einer Gruppenleiterin betreut zu werden. A. ist heute ein junger Mann geworden, der ohne Bitterkeit auf eigenen Füßen steht. Auch schwere Schäden, die einem Kind im Kleinkindalter zugefügt werden, lassen sich weitgehend, wenn auch nicht ganz, wiedergutmachen, wenn die entscheidende Hilfe rechtzeitig kommt und auch stetig durchgehalten wird.

Anita, 9 Jahre, ein von den leiblichen Eltern, vor allem vom Vater, schwer mißhandeltes Kind, im Heim noch lange schwierig, Einzelgängerin, verkroch sich oft mit einem Märchenbuch in eine Ecke, scheu im Zusammenleben, nicht offen, galt als etwas verstockt und »verschlagen«. Immer wieder kamen Unehrlichkeiten heraus. Mit gestohlenem Geld kaufte Anita Süßigkeiten und verteilte sie heimlich in der Gruppe. Als wieder ein Diebstahl vorkam, machte die Erzieherin dem Mädchen Vorwürfe. Anita verteidigte sich: Der Heimleiter hat zu mir gesagt: wenn ich stehle oder andere Sachen mache, die man nicht tun soll, mag er mich auch noch. Erzieherin zum Heimleiter: So kann es doch nicht weitergehen, A. hat jetzt genügend Zeit gehabt, jetzt reicht es doch allmählich. Antwort: Anita ist eben noch nicht so weit, wir können die Zeit nicht bestimmen. Es folgte ein Gespräch mit Anita: Du hast recht, wenn du meinst, ich hab dich gern, auch wenn du noch schlimmes Zeug machst; ich stehe immer zu dir, aber wenn du nicht mehr stiehlst, ist es mir natürlich schon noch viel lieber; ob du das überhaupt noch nötig hast?

Die »Symptome« sind so verschieden wie die Kinder. Dabei ist gerade der Laien-Heilpädagoge auf diesen normalpädagogisch naheliegenden Trugschluß hinzuweisen: Die Kinder mit den temperament-bedingt lauten Symptomen (unruhig, frech, aggressiv) haben es leichter, sich gesundzuboxen und allmählich gesundzuverwahrlosen. Aber alle Pädagogen (Eltern, Lehrer, Erzieher) sind in Gefahr, die leisen Symptome (Kind ist passiv-gefügig, überangepaßt, sehr brav, unfroh, antriebslahm, wehrt sich nie) nicht ernst genug zu nehmen. Diese sind weniger aufregend und anstrengend, ja sie werden auch oft als »gutes Betragen« mißverstanden. Dabei befinden sich diese Kinder oft in größerer Not und haben es schwerer als die anderen, einen eigenen Stand zu gewinnen.

Zu zwei Symptomen seien hier noch Bemerkungen angefügt. Das *Bettnässen*, an dem sich seit je die Geister scheiden (in Internaten wurden und werden diese Kinder oft nicht behalten), wird von den Individualpsychologen als klassisches Symptom des stillen Auf-sich-aufmerksam-Machens erklärt. Wer es nur direkt bekämpfen und beseitigen will, kann in Verzweiflung geraten und das Kind immer noch mehr in das unbewußte innere Festhalten drängen. Aus der Zeit der alten Anstalt sind mir grausame Methoden der Bestrafung dieser Kinder bekannt. Und ich bin mir nicht sicher, ob Bestrafung von Bettnässer-Kindern in Heimen, Pflegefamilien (und eigenen Familien!) ganz aufgehört hat.

Die innere Situation dieser Kinder und der Stellenwert ihres Symptoms wird besonders deutlich beim *Stehlen*. Häufig kauft sich das verwahrloste Kind mit dem gestohlenen Geld Süßigkeiten, immer wieder Süßigkeiten. Was es entbehrt, ist im Grunde eine ganz andere Süßigkeit. Und dann erlebt man immer wieder, daß es das Geld oder von dem Geld gekauftes Naschwerk verschenkt. Es wirbt um Anerkennung, Beachtetwerden, es bleibt ihm nichts anderes übrig, als es auf diese Weise zu tun. Wer aber sieht da – statt jetzt zu strafen – die ganze Tragik, die Armut des Kindes? Das Nachlesen der Interpretation solcher Vorgänge etwa bei *Zulliger* (er spricht von »symbolischen Diebstählen«) ist eine Bestätigung.

In Erzieherseminaren wurde mir dann zu diesem Punkt oft entgegengehalten: »Ausverwahrlosenlassen, Sie sind gut, alle Kinder ausverwahrlosen lassen – wissen Sie, was das heißt? Das muß doch Grenzen haben, und zwar für das Kind selbst und auch wegen der anderen!«

Ja, ich weiß: Es ist leichter gesagt als getan. Und es ereignet sich oft, daß Erzieher erfahren zu haben glauben: Ich komme mit diesem Prinzip nicht weiter. Sie lassen sich dann zu rasch enttäuschen und mißtrauen dem Prinzip an sich. Es geht darum, eine bestimmte Zeit wirklich durchzuhalten. Heilpädagogik ist eben: noch ein bißchen mehr Pädagogik!

Aber natürlich hat das Prinzip seine Grenzen – und zwar in der Sache, im Leben selbst. Von dem Dichter *Carl Zuckmayer* stammt das kräftige Wort: »Zweierlei braucht der Mensch, Glück und Disziplin. Ohne Disziplin hilft ihm auch das Glück nicht.« Auch eine Heilpädagogik kann letzten Endes nicht darauf verzichten, das Kind zu lehren, sich auch selbst anzustrengen, Grenzen zu sehen und einzuhalten. Man muß Einhalt gebieten – und das Kind nimmt das zunehmend gut auf, empfindet auch meine Entscheidung, auch mein Nein einmal als Geborgenheit, als Sicherheit, weil es ihm eigene Schuldgefühle und Ängste erspart. Aber: schon in der normalen Pädagogik kommt es (mehr als man das bisher bereit war einzusehen) darauf an, daß man die Grenzen zusammen mit dem Kind selbst findet – und bei unseren Kindern ist dieses gemeinsame Finden, das Nichtaufdrängen von oben besonders wichtig. Eine große Hilfe ist da natürlich auch die Ordnung der Dinge, des Lebens, des Zusammenlebens einer Familie, einer Heimgruppe, in die auch unser Kind hineingestellt ist – und die es um so sicherer selbst allmählich als wohltuend empfinden lernt, je unaufdringlicher die Ordnung gelebt, vorgelebt und mitgelebt wird auch von den anderen Kindern. Wie gut, wenn der Ordnungsrahmen kein kalter Rahmen ist, sondern wenn er Kultur, Brauchtum heißt (Beispiel: gestaltete Abendzeit, auch mit Ritualen, als liebe Gewohnheit), wenn er Rhythmus enthält zwischen Pflicht- und Freudepunkten.

Die anderen Kinder sind es dann überhaupt, die mir in meinem zeitweise konzentrierten Bemühen um ein Kind entscheidend helfen müssen – und auch können, wenn ich dieses weitere Feld eben nicht nur immer als Gruppenleiter, sondern immer wieder auch als der Anwalt des einzelnen Kindes recht ins Auge fasse.

Regel 3

Dafür sorgen, daß das Kind auch in seiner Gruppe angenommen wird

oder: auf der Suche nach Bundesgenossen

Der »Abholvorgang«, von dem im vorigen Kapitel die Rede war, ist nicht meine Sache allein. Ich kann wohl den Fortgang einleiten, das Kind neu ermutigen, ihm »eine Straße eröffnen« *(A. Adler)*. Aber ich bin nicht immer dabei; das Kind lebt in seiner Gruppe, es geht zum Spielen, es ist unter Gleichaltrigen außer Haus, es geht zur Schule. Jedes Kind hat auch ein Grundbedürfnis nach Zugehörigkeit im Kreis der Gleichaltrigen. Ich bin jetzt sozusagen »sein Freund«, ja – aber das Kind braucht auch Freunde unter Seinesgleichen. Wie es ihm wirklich geht, hängt nicht nur davon ab, wie ich es ihm gehen lasse; es hängt auch davon ab, ob es von seiner Gruppe anerkannt wird.

Aber kann ich darauf Einfluß nehmen? Oder muß ich es dem Zufall überlassen, ob da mein Sorgenkind eben Glück hat oder nicht? Was kann ich tun, wenn es unglücklich, verbittert nach Hause kommt, von Mißachtung der anderen in der Gruppe, in der Schule, vom Nicht-mitspielen-Dürfen, ja von Spott und Unterdrückung berichtet?

Kinder können im Umgang miteinander hart, ja grausam sein – sozial gestörte besonders. Ich habe es immer als eine besondere Tragik empfunden, wie zum Beispiel Heimkinder miteinander umgehen können – besonders dann, wenn die Gruppen zu groß sind und in der Masse als Gesetz das Recht des Stärkeren herrscht; wenn also nicht von einem gepflegten, guten Geist der Gruppe her eine ständige Gegenwirkung erfolgt. Statt sich als Schicksalsgenossen einander solidarisch zu begegnen, suchen diese Kinder – selbst zu kurz gekommen – eben einen Nachbarn, der noch weiter unten, der noch weniger ist, um selbst ein wenig Prestige-Gewinn zu erzielen. Dieser andere aber will seinerseits mehr sein, gibt an – aber der Nachbar sucht und findet seine verwundbarste Stelle. Welcher Heimerzieher (Lehrer) muß nicht immer wieder diese gehässigen Hänseleien, das Lächerlichmachen des anderen, sich steigernde Beschimpfungen, Demütigungen anhören: Du ›Flasche‹, du Rothaariger, du Hilfsschüler, du Bettnässer; dein Vater ist im Zuchthaus, deine Mutter ist eine Hure. Jetzt, mit diesem Wort, hat er ihn getroffen und er genießt grimmig seinen Erfolg. Der an seiner Schwäche Leidende ist stärker, er hat jemanden besiegt.

Da besteht nun für jede Pädagogik (in der Familie, in der Schule, im Kindergarten, in Freizeitgruppen), insbesondere aber für pädagogische Felder mit verhaltensgestörten Kindern diese sozialpädagogische Grundfunktion als eine erste Pflicht aller Erwachsenen: die Pflicht zu schützen, »Schonung der Schwäche«. Eine gewisse Voraussetzung, daß das Schützen noch einigermaßen gelingen kann, liegt darin, daß nicht zu viele Kinder mit gleicher Symptomatik auf einem Haufen beisammen sind. Was da die Heime betrifft: deshalb muß ein Heimleiter, ein Gruppenleiter auch einmal die Aufnahme neuer schwieriger Kinder aus eigener Verantwortung ablehnen können.

Heilpädagogik ist ohne das Element des Schützens nicht denkbar. Der Vorgang des Schützens – auch in der Natur als elementarer Vorgang tausendfach vorgelebt – bewirkt einen zweifachen Lernprozeß, nämlich das Erlebnis des Geschütztwerdens für beide Seiten, den Schutzbedürftigen und den Angreifer. Und das Fehlen von Schutz bewirkt eben diesen negativen Lernprozeß: beim Opfer der Unterdrückung oder Demütigung die Erfahrung des Nicht-geschützt-Werdens; eine Erfahrung, die man mit ins Leben hineinnimmt, das Gefühl des ohnmächtigen Ausgeliefertseins an den Stärkeren – und auf der Seite des Unterdrückers das Erlebnis gelungener Machtausübung; beides zusammen ein Beitrag zur Barbarisierung der menschlichen Gesellschaft. Wie wichtig wäre auch von daher gesehen wenigstens nachträglich ein sorgfältiger Umgang mit verhaltensgestörten Kindern, wenn man sie schon (meist wegen Mangel an Zuwendung) einmal krank gemacht hat.

Wie aber geht das Schützen unter diesen Kindern? Ich habe die Erfahrung gemacht, daß allgemeine Appelle (»Daß mir ja niemand dem N. etwas zuleide tut«) meist nicht zum Ziele führen. Ist aber die Atmosphäre der gegenseitigen Toleranz in der Lebensgemeinschaft als Voraussetzung gegeben, dann kann eine gezielte Aktivität zum Abbau der Unbeliebtheit eines Kindes, das Hereinhelfen für ein neues Kind einmal so aussehen, wie wir das im Heim öfters praktiziert haben: mit der offenen Aussprache in der Gruppe.

Wenn die Aussprache einmal in Abwesenheit des Außenseiters stattfinden kann (das läßt sich oft unauffällig organisieren), ist es gut. Alle dürfen ihre Kritik sagen. Man merkt sofort: Das tut ihnen gut. Das brauchen sie einmal, daß sie sich ausschimpfen, ihren Ärger über diesen Neuen loswerden können. Sie sagen alles. Die Klagen ergeben einen Berg, der immer größer wird. Erst wenn alles ausgesprochen ist, trage ich als Gruppenleiter meine Information über den Betreffenden bei. Ich frage, warum er denn so ist. Ob sie nicht auch einmal so waren. Und dann: Wie soll es denn mit ihm weitergehen? Ob wir ihm nicht doch noch eine Chance geben, einmal alles Bisherige vergessen und noch einmal von vorn mit ihm anfangen wollen? Ich sage das so: Ihr sollt selbst entscheiden, aber ich bitte euch darum, mir auch zu helfen, daß ich N. weiterhelfen kann.

Es ereignet sich dann immer wieder, daß die anderen Kinder in der Gruppe (die Mitschüler, die Spielgefährten) sich zur Mitarbeit bereit finden. Mit Rückfällen muß man rechnen – und man kann dann das Gespräch wiederholen.

Es gibt in dieser wichtigen Frage zwei Möglichkeiten. Die anderen Kinder machen die Lage »meines« Kindes noch schlimmer, verfestigen die Stigmatisierung, betreiben immer mehr die »selektive Wahrnehmung«, d. h. sie nehmen (wie die

Erwachsenen mit einem Vorurteil) nur noch das an diesem Kind, an diesem Jugendlichen wahr, was zum negativen Bild paßt – und übersehen, was dem negativen Stigma nicht entspricht. Oder aber: Sie helfen mit, wenn es gilt, neues Mitkommenlassen, Vertrauen auf Vorschuß zu gewähren.

Meine Mitarbeiter im Heim und ich haben oft die Erfahrung gemacht, daß gerade Kinder und Jugendliche – trotz auch möglicher Grausamkeit und Härte – relativ leicht, leichter als viele Erwachsene, von der totalen Ablehnung eines anderen abzubringen und als Bundesgenossen zu gewinnen sind – vorausgesetzt, daß man von Erwachsenenseite methodisch richtig vorgeht: Man muß die Kinder in dieser Sache ernst nehmen und man darf die soziale Leistung, die hier gefordert wird, nicht einfach als selbstverständlich voraussetzen. Und man darf sie nicht einfach anbefehlen, sondern muß die anderen dazu anregen, sie sogar darum bitten und diese Leistung als solche auch bestätigen und anerkennen. Wenn man das tut, entsteht auch noch ein positiver Nebeneffekt: Die Beschäftigung mit der Hilfe für ein einzelnes Gruppenmitglied wirkt auf die Gruppe selbst positiv verändernd, gemeinschaftsbildend. Ein gemeinsamer Helferwille (»wir machen das«) kommt auf – und das für die Bildung jedes einzelnen notwendige Verständnis für das Prinzip einer individuellen Gerechtigkeit, für Ausnahmen: Nicht jedem das Gleiche, sondern jedem das Seine!

Ich habe mich gefreut, diese gute Erfahrung mit der möglichen Bundesgenossenschaft von seiten der Kinder bestätigt zu finden in dem Buch von *H.u.J. Trüper* über die Arbeit ihres Vaters Johannes Trüper auf der Sophienhöhe schon in den 20'er Jahren. Darin heißt es einmal (Seite 126):

»Unsere Erzieher waren oft in der Lage, bei dem einen Kind Stellung nehmen zu müssen zu einer Angelegenheit, die sie in genau der gleichen Situation bei einem anderen bewußt übersahen, so daß ein festes Maß für das, was innerhalb einer Gruppe gültig war, dann kaum noch zu bestehen schien. Aber die Kinder selbst haben diese Unterschiedlichkeiten und anscheinenden Ungerechtigkeiten in der Handhabung bestimmter Fragen einzelnen gegenüber fast immer erstaunlich gut hingenommen und verstanden, oft sogar eine ausgesprochene Freude daran gehabt, den Erwachsenen in solchen therapeutisch notwendigen Differenzierungen zu unterstützen... Was sich ereignete, begab sich letzten Endes immer auf die Gemeinschaft hin, in ihr und weitgehend auch durch sie selbst. Die Hauptsache war, daß der Erwachsene helfend im Hintergrund stand. Ein Kind hatte sich von dem Augenblick an bei uns eingelebt, in dem ihm nicht nur die Zustimmung durch die Erwachsenen, sondern vor allem Bejahung durch die Kameraden wichtig wurde.« (»Ursprünge der Heilpädagogik«)

Man kann und muß also – das ist ein wesentlicher Punkt jeder Heilpädagogik – die Kräfte der Gruppe für den einzelnen immer wieder mobilisieren. Nach meiner Erfahrung ist dieser entscheidend wichtige Vorgang für die Kinder viel leichter möglich, wenn eine Gruppe gemischt zusammengesetzt ist: aus Kleinen und Großen, aus Knaben und Mädchen.

Wir haben übrigens den Gruppengesprächen und anderen gruppen-pädagogischen Hilfsmaßnahmen für ein betroffenes Kind dann in der Regel immer wieder das einzelne Gespräch mit diesem Kind folgen lassen. Der Außenseiter fühlte sich dann selbst in das Geschehen mit einbezogen, und er spürte die Verpflichtung, nicht nur zu nehmen, sondern auch zu geben, auch seinen Beitrag zu leisten.

Auf der Suche nach Bundesgenossen muß man dann alle möglichen weiteren schwachen Punkte in der menschlichen Umgebung des Kindes ins Auge fassen. Da sind einmal die »Miterzieher« (hier sind einmal nicht die ›geheimen‹ gemeint, die es auch gibt: die Reklame zum Beispiel), die in der heutigen Heimerziehung eine besondere Rolle spielen, weil die Gruppen dort heute durchwegs mehrfach besetzt sind. Auch wenn die Zahl der Erzieher in der Gruppe nicht (wie es schon da und dort der Fall ist) übermäßig groß ist, ist der Wille zur Kooperation, zu einem wirklichen Consensus in der Grundeinstellung zu den Kindern aller einzelnen Erzieher für unsere Sache von entscheidender Bedeutung. Und was unser einzelnes gestörtes Kind betrifft: Ich finde es gut, wenn da ein Erzieher sich in der Sorge auch einmal auf einzelne Kinder ganz konzentriert, damit jedes Kind bei den verschiedenen Dienstzeiten der Erzieher doch eine entscheidende Zeit lang um einen Menschen weiß, zu dem es Vertrauen hat, der es kennt, der besonders zu ihm steht und der es auch verteidigt.

Dieses letztere gilt besonders für die Schule, die eine Gefahrenstelle von besonderem Gewicht für unsere Kinder sein kann. Der Anlaß liegt hier nahe: Leistungsversagen, störendes Verhalten in der Schule ist ein häufiges Nebensymptom bei unserem Kind. Aber in der von uns geplanten Schonphase ist es nicht möglich, rasch genug auch die Schulleistung zur Zufriedenheit der betreffenden Lehrkraft zu steigern und das Verhalten dort von heute auf morgen zu normalisieren. Die Schule muß mit-verstehen und auch mit-warten. Manche Heime helfen sich da mit einer zeitlich begrenzten heimeigenen Beschulung in kleinen Förderklassen. Die heimeigene Schule hat aber Nachteile und ist nicht überall möglich oder gegeben. Um argen Schuldruck zunächst schon vorbeugend zu vermeiden, kann ein gutes Gespräch mit der Lehrkraft, Bitte um Geduld, viel bewirken. Information ist hier besonders wichtig. Ob sie ankommt, hängt nicht nur von der Antenne der Lehrkraft ab, sondern auch davon, wie wirksam ich die Information zu geben imstande bin. Daß diese Bemühungen der Schule gegenüber freilich noch recht enge Grenzen haben, davon berichten Heimerzieher und Ersatzeltern heute immer noch und immer wieder. Das hängt mit unserer Schule zusammen, auch mit der Lehrerbildung, in der die soziale Seite immer noch vernachlässigt wird. Die Lehrer der höheren Schule zum Beispiel bekommen auch heute noch fast gar keine pädagogische Ausbildung, sondern nur Fachwissen mit. Wir müssen heute immer noch mit harten Fällen rechnen: daß unserem Kind in der Schule kein Verständnis entgegengebracht wird für seine Lage; ja, daß ihm dort sogar zusätzlich Entmutigung und Leid zugefügt wird. Da dürfen wir dann auch einmal den Weg zur Schulleitung nicht scheuen, das Kind abmelden und es mit einer anderen Klasse versuchen. Ich weiß, wie schwierig das ist – aber es kann einmal für unsere Kinder unbedingt notwendig sein und wir müssen es durchsetzen. Vor allem müssen wir angesichts der Lebenslage unseres Kindes die Prioritäten erkennen – und von daher gerade der harten Schulwirklichkeit gegenüber (das ist ein Vorfeld für den harten Lebenskampf) einerseits trösten über jetzt noch unumgängliche Mißerfolge (»So wichtig ist die Schule nun auch wieder nicht«), andererseits mit allen Mitteln dem Kind doch helfen, daß es auch in diesem wichtigen Punkt vorankommt.

Auf der Suche nach Bundesgenossen (und Abwehr des Gegenteils, von »Feinden«) fragen wir dann weiter: Wo ist noch jemand, der mein Sorgenkind nicht in Ruhe läßt, der es nicht so leben läßt, wie es jetzt nur leben kann? Da ist dann vor allem noch sein eigener familiärer Hintergrund. Und hier vor allem gilt es zu klären und dann weiterzuhelfen mit dem Ziel, daß sich das Kind, der Jugendliche »wieder hinaussieht«, seine Ausweglosigkeit, seine Angst vor der Zukunft überwindet. Die nächste Regel 4 ist eine der wichtigsten unserer »kleinen« Heilpädagogik.

Regel 4

Die Lebensperspektive für das Kind suchen

oder: woher das Kind kommt und wohin es gehen kann

Das Nächstliegende im heilpädagogischen Umgang mit diesen Kindern ist also dies: akzeptieren, nicht wieder weiterschicken – und auch hereinhelfen in die Gruppe. Aber das allein genügt nicht. Die Lebensfrage steht bald an: Woher kommt dieses Kind und wohin geht sein Weg? Von den Eltern und der bisherigen kleinen Biographie weiß ich, wie viel oder wie wenig bisher zu erfahren war, was im Bericht steht. Mein ›Wahrnehmen‹ muß aber gerade hier weitergehen. Ich gebe mich nicht zufrieden mit der (so oder so variierten) Bemerkung in der Akte: »Mißliche häusliche Verhältnisse«. Da wird gerne fixiert, in Wirklichkeit entwickeln sich Menschen und Verhältnisse weiter. Statisches Denken ist in der Sozialarbeit schädlich. So wie der Fall jetzt liegt und an mich herankommt, bleibt er nicht. Die Lage kann sich ändern – und auch wenn sich im Familienschicksal des Kindes nichts Wesentliches ändert: Es geht weiter, und es muß ja weitergehen.

Die Kinder, die Jugendlichen selbst weichen da in ersten Gesprächen noch gerne aus. Es tut noch weh. Sie möchten zunächst einmal nichts sagen und nichts davon hören. Man kann aber sicher sein, daß diesen Fragen in Wirklichkeit das allergrößte Interesse des größer werdenden Kindes gilt. Im Heim haben wir immer wieder dies erlebt: Wie dankbar dann, wenn ein wenig Vertrauen gewonnen ist, dies angenommen wurde, daß man nach den Angehörigen fragte und dann zuhörte und allmählich alles herausgesagt werden konnte. Meine Frage »Hast Du Bilder, Fotos, Andenken an die Mutter?« – oder auch die Frage »Was hast Du heute nacht geträumt?« trifft oft den Kern des seelischen Befindens dieses Kindes. Immer gilt: »Vergangenes ist nicht vergangen.« *(W. Faulkner)* Wie es meinem Kind geht, ob es sich weiter hängen läßt oder neuen Mut gewinnt, hängt auch mit meinem ›biographischen Interesse‹ zusammen. Das Kind braucht jemand, der da mit ihm spricht, die Lage klären und aufarbeiten hilft. Ich erweise mich gerade dadurch als sein Freund.

Daß das Einbeziehen der Angehörigen des Kindes, auch wenn diese versagt haben, wesentlich zu jeder Kinderhilfe gehört (im Heim nicht nur, sondern auch in der Familienpflege, bei Pflege- und Adoptiveltern), daß man da nicht einfach, weil es bequemer ist, abschneiden, verdrängen darf, wird wenigstens in der Theorie heute allgemein anerkannt. Ein anschauliches Gegenbeispiel ist die Grundeinstellung, wie sie der SOS-Kinderdorfverein in den ersten Jahren nach der Gründung der SOS-Kinderdörfer zeigte. Man wollte mit den Angehörigen der Kinderdorf-Kinder nichts zu tun haben. In einer Studie »Das alleinstehende Kind und seine Versorgung« berichtet davon einmal der langjährige Psychiater der SOS-Kinderdörfer so:

Der 12-jährige *Roland* lebt seit 4 Jahren in einer Kinderdorffamilie. Über seine Herkunft ist noch nie mit ihm gesprochen worden, da er nicht danach gefragt hatte. Roland hängt an seiner Kinderdorfmutter und sie auch an ihm. In letzter Zeit versucht Roland öfter ohne ersichtlichen Grund, seinen Freunden Lügengeschichten aufzubinden. Er behauptet, von reichen Eltern abzustammen, die gestorben sind. Sein Vater sei in Amerika Raubtierjäger und Flugzeugpilot gewesen. Die Kinderdorfmutter kann sich nicht erklären, wie der Junge plötzlich dazu kommt, solche Geschichten zu erfinden und stellt ihn bei uns vor. Auf unsere Frage, was er denn von seinen Eltern wisse, fängt Roland an zu weinen. Wir erkundigen uns schließlich bei ihm, ob er denn noch nie seine Kinderdorfmutter nach seinen leiblichen Eltern gefragt habe. Hierauf antwortet Roland: Danach kann ich die (Kinderdorf-)Mutti nicht fragen, sonst wird sie traurig.

Das ist ein Beispiel dafür, wie wenig die Kinder, auch nach langjährigem Aufenthalt in einer Ersatzfamilie, die Frage nach ihren leiblichen Eltern vergessen. Auch dieser Trägerverein hat übrigens inzwischen eingesehen, daß man mit den Rest-Angehörigen dieser Kinder nicht so verfahren darf, als seien sie nicht vorhanden; daß sonst das Verhältnis des Erziehers, auch der Pflege- oder Adoptiveltern zum Kind mit einem Tabu belastet wird, das einmal plötzlich dramatisch durchbrochen werden kann.

Bevor ich die verschiedenen Aufgaben zu diesem Punkt noch weiter im Sinne des »Case-Work« (›fürsorgerische Feinarbeit‹ – so übersetzte man einmal das hier gültige Wort ›case work‹) differenziere, sei eine Grundregel ausgesprochen: Man muß sich hüten, vor dem Kind abfällige Äußerungen über die Angehörigen zu machen; man muß nach Möglichkeit auch verhüten, daß dies von anderer Seite geschieht. Das gefährdet nämlich ein Wiederheilwerden-Können des Kindes sehr, weil es mit der Frage zusammenhängt, ob es eine neue Identität gewinnt, d. h. ob es auf die Frage »Wer bin ich?« trotz allem eine positive Antwort finden kann. Wer das Ringen vieler dieser Kinder kennt, trotz schlechten Elternbeispiels ohne Bitterkeit auf eigene Füße zu kommen, wird hier meiner These zustimmen: Ein Rest von positivem Elternbewußtsein muß und kann immer erhalten bleiben.

Das heißt nicht, daß man etwas Wesentliches verschweigen oder daß man beschönigen soll. Wir haben die Erfahrung gemacht, daß auch in diesem oft sehr harten Punkt zunächst nur die volle Wahrheit und unsere Ehrlichkeit weiterhilft. Was diese jungen Menschen oft und lange besonders belastet und dann gleichgültig und mutlos macht, ist vor allem die Unsicherheit, die sie in sich herumtragen. Die Wahrheit ist leichter zu ertragen, auch wenn sie hart ist. Es ist die Wahrheit. Man weiß Bescheid und kann weiterleben. Wahrheit schadet nicht, sie ist immer der Ausgangspunkt. Man steht also hier auch vor der

Aufgabe der Aufklärung. Sie hilft und bewirkt dann Gutes, wenn sie – wie eben eine gute Aufklärung auch sonst – sich nicht aufdrängt, sondern vom Bedürfnisstand des Kindes nach mehr Wissen ausgeht – und wenn man dann das Kind nicht allein läßt mit seiner Not. Hier drei Beispiele dazu; die ersten beiden zeigen Kinder auf der Elternsuche; das andere zeigt die Notwendigkeit der rechtzeitigen Aufklärung eines Adoptivkindes.

Jürgen, 15 Jahre alt, von klein auf in Heimen oder Pflegestellen, dementsprechend schwierig. Fast im Vorbeigehen stellte er mir die Frage: Was ist eigentlich mit meiner Mutter? Diese Frage höre ich noch nach, häufig von größeren Heimkindern notvoll gestellt. In diesem Fall wußte ich schon lange Bescheid. Die Mutter war Prostituierte in Hamburg und hatte Selbstmord begangen. Der Junge gab nicht nach. Zu gut vorbereiteter Stunde sprach ich mit ihm und sagte ihm alles. Ich spürte: Schlimmer als seine Ungewißheit kann es nicht sein, wenn er die Wahrheit erfährt. Ich hatte recht, es wurde nicht schlimmer mit Jürgen, im Gegenteil. Wir sprachen aber viel miteinander, dies und jenes neu planend, Berufliches und anderes.

Für *Brigitte*, 13 Jahre alt, war die Familiengruppe in unserem Heim schon die vierte Stelle. Das Mädchen wollte nun seine Eltern kennenlernen, die in der gleichen Stadt wohnten. Vater: alter, gebrechlicher Trinker. Mutter: sehr unordentlich, wenig ansprechbar. Ich wußte: das wird eine arge Enttäuschung, wenn das Kind darauf besteht, die Eltern kennenzulernen. Doch Brigitte war hartnäckig. Ein wenig konnte ich sie schon vorwarnen, aber das genügte nicht. Wir gingen also eines Tages hin: X-Straße 164. Parterre, schönes Messingschild, aber da war nicht unser Name. Wir gingen also die Treppe hoch. Erste Etage, zweite Etage, dritte, vierte, ebenso überall schöne Messingschilder. Fünfte Etage: links Eingang zum Speicher, rechts unser Name. Große Aufregung und Spannung. Aber da ereignete sich nicht viel. Begegnung – und kurze Abfertigung an der Tür. »Du bist da? Ja, was willst denn du hier?« – Das war ein abenteuerlicher Leidensgang, aber er war notwendig. Man kann diesen Kindern die Wahrheit, um die es geht, oft nicht einfach mitteilen, sie müssen sie selbst sehen.

Manfred, 7 Jahre alt, seit vier Jahren sehr gut adoptiert. Aber er wurde jetzt schwierig, zu Hause und in der Schule. Ich fragte bei meinem Besuch: Ist M. schon aufgeklärt, daß er im Heim war und daß Sie nicht seine leiblichen Eltern sind? Ich war überrascht: die Adoptiveltern verneinten. Sie fürchteten, er würde davonlaufen, wenn sie es ihm sagten. Ich drängte aber sehr zur Aufklärung. Endlich waren die Eltern dazu bereit, führten sie dann auch in sehr guter Form durch und bestätigten mir: Es wirkte sich sehr vorteilhaft aus. Es wurden immer wieder konkrete Einzelheiten seines bisherigen Lebens mit ihm besprochen. Manfred wurde ruhiger.

Kehren wir zurück zu der wichtigsten Frage in diesem Punkt: Was kann werden? Wer war, wer ist wichtig für das Kind? Die Frage nach der Mutter hat da immer Priorität. Ist da von Anfang an keine Beziehung gewachsen? Ist die Mutter dem Kind entfremdet? Ist sie alleinstehend, wieder verheiratet? Macht sie ab und zu Pflichtbesuche und weckt bei ihren Gesprächen mit dem Kind falsche Hoffnungen? Das trifft auf viele Heimkinder zu. Wie schwer ist es, eine Mutter zu haben und doch keine zu haben! Oder steht da ein Stiefvater im Weg? Hängt das Kind noch an einer früheren Pflegemutter besonders, die aber aufgegeben hat, weil sie krank wurde; die aber noch schreibt und an die das Kind immer denkt, weil es da einmal so etwas wie ein Zuhause erlebte? Oder ist es in einem Fall der Scheidung (in den Heimen gibt es heute viele Kinder aus harter Ehescheidung) der Vater, der da noch kommt und ehrlich im Sinn hat, das Kind wieder zu sich zu nehmen? Oder handelt es sich um ein mißhandeltes Kind, das aber an seinen Eltern noch hängt, denen es weggenommen wurde? Und was ist mit den Großeltern? Was ist mit der Tante, die da oft kommt? Ist sie wirklich wichtig für das Kind oder ›tut sie nur so‹?

Oft gilt zunächst nur dies: Man muß Ruhe für das Kind schaffen, es vor weiterer Unsicherheit, vor weiterem Hin und Her schützen. Besonders schwierig und belastend sind die Als-ob-Eltern oder -Angehörigen, die sich engagiert geben, um vor dem Kind und vor uns schön dazustehen, aber das Kind immer wieder enttäuschen und Jahr um Jahr vergehen lassen, ohne daß sie ihre Versprechungen wahrmachen. Auch damit muß man rechnen.

Es ist gut, wenn wir ein Kind eher zurückhalten, wenn es an seinen Angehörigen verzweifelt und sie hassen will. Es ist gut, wenn wir seine Eltern verteidigen, mildernde Gesichtspunkte einbringen. In Wirklichkeit will es solches gerne hören, obwohl es nach außen Haß ausdrückt. Es will ja annehmen, lieben können. Aber in an deren Fällen müssen wir doch auch vorsichtig desillusionieren, um vorzubeugen, daß es sich in unerfüllbaren Hoffnungen verliert.

Eine Frage, die nie ganz von der Hand zu weisen ist, lautet immer so: Führt ein Weg zurück? Zu den Eltern, zu einem Elternteil, zu anderen Verwandten? Diese Frage ist deshalb so wichtig, weil jedes Kind im Grunde seines Herzens nichts, gar nichts mehr ersehnt als dies: ein eigenes Zuhause zu haben oder es wieder zu haben.

Wenn die Frage bejaht oder wenigstens nicht ganz eindeutig verneint werden muß, stellt sie die weitere: Wie und in welchem Zeitraum ist dieses Ziel zu erreichen? Und was ist zur Vorbereitung, vor allem zur inneren Vorbereitung beider Seiten, zu tun? Die Klärung dieser Frage darf nicht auf Dauer unbeantwortet bleiben. Das geschieht leider oft – und dann hängt das Kind oft lange Kinderjahre hindurch zwischen Hoffnung und bitterer Enttäuschung.

Muß diese Frage bei einem Heimkind verneint werden, so folgt daraus zunächst die weitere Frage: Ist eine Inpflegegabe anzustreben, hat sie Aussicht auf Erfolg? Wie steht das Kind selbst dazu? Verneint das Kind nur gefühlsmäßig oder weil es zu wenig aufgeklärt ist? Darf man bei schon zurückgegebenen Pflegekindern noch einmal einen Versuch wagen, kann man ihn verantworten? Ich bin überzeugt, daß diese Frage für unsere Kinder und für ihre Chancen in Zukunft noch wichtiger wird. Wahrscheinlich werden in Zukunft mehr Pflegeeltern bereit sein, auch ein größeres, schwierig gewordenes Kind aufzunehmen. Sie können – gut ausgewählt, vorbereitet und beraten – einer solchen Aufgabe auch durchaus gerecht werden.

Dann stellt sich freilich einmal heraus: Das ist ein Kind, das im Heim bleiben muß, da es sonst niemand hat, bei dem es gut bleiben könnte. Es muß im Heim bleiben können – und es muß ihm auch dort gut gehen können, bis es keine fremde Hilfe mehr braucht. Diesen Standpunkt müssen heute die Heime verteidigen. Denn dagegen steht heute die oft ideologisch forcierte Einstellung gegen die Heime: »Längere Heimaufenthalte müssen unbedingt vermieden werden.« (So steht es zum Beispiel in dem Entwurf zu einem neuen Jugendhilfegesetz.) Hier werden schlechte Heimerfahrungen einfach generalisiert. Die gute Hilfe für anderweitig unterzubringende Kinder hat viele Formen – und sie muß viele Formen haben dürfen, auch das (gute) Heim gehört dazu – und gute Heimerziehung ist möglich.

Ein Kind also, das bleiben muß! Jetzt wissen wir, wie wir dran sind; jetzt hindert uns niemand mehr daran, selbst alles zu tun, um das Kind so glücklich wie möglich zu machen. Wir sind ganz zuständig – und das heißt vor allem: daß wir diesem jungen Menschen in sein Schicksal hineinhelfen. Abnehmen können wir es ihm ja nicht, aber wir können es ihm tragen helfen. Dazu gehört, daß wir es nicht aus formalen Gründen wieder »versetzen«; daß wir auch noch in die Zeit der Berufsbildung hinein und in der Zeit des Übergangs zum Selbständigwerden zu ihm stehen, so treu wie das nur immer möglich ist. Übrigens können wir uns dabei auch, wenn wir Glück haben, von einer guten Patenschaft mit unterstützen, mithelfen lassen.

Die Aufgaben und die Möglichkeiten sind so verschieden, wie diese Kinder selbst und ihre Schicksale. Aber dies gehört jedenfalls wesentlich zum heilpädagogischen Umgang mit ihnen – und dies ist wichtiger als viele Einzeltherapien: Mit ihnen zusammen ihre Situation klären, an welchem Punkt ihrer Biographie wir denn nun stehen; dem Kind helfen, daß es seine Situation auch selbst ganz begreift; wichtige Bindungen unter allen Umständen pflegen, mit pflegen helfen; es vor unechten Versprechungen schützen, ihm falsche Hoffnungen ersparen; es nach Möglichkeit auch schützen vor weiteren Wechseln, vor ungewissen Heimholungen und Versetzungen; aber der ganzen Situation – und sei sie noch so problematisch – sich doch realistisch stellen, im häufigen Gespräch mit dem Kind selbst neue Chancen erkennen und wahrnehmen; den Jugendlichen bereit zu machen für die Zukunft, für das Unerwartete (das wir immer zu wenig mit in unser Leben einbeziehen), auch für den Zufall und das Glück – und natürlich vor allem für das eigene Wollen und den Glauben an sich selbst.

Nicht selten führt die – theoretisch zwar viel reflektierte, in der Praxis der Jugendhilfe aber zu wenig verwirklichte – Elternarbeit zu überraschenden Ergebnissen für das Kind und seine neue positive Lebensperspektive. Da gelingt es einmal, einer Mutter das Kind doch ganz neu zuzuführen; sie entdeckt mit unserer Hilfe ihr Kind endlich ganz. Und da gelingt es auch einmal, dem Kind die Verbitterung gegen sein Zuhause zu nehmen, indem wir ihm helfen, daß es seine Eltern versteht. Und es ist einmal möglich, nach einer Scheidung die hart widerstreitenden Elternteile zu einem Stillhalte-Abkommen zu bewegen, indem sich ein Teil für längere Zeit mehr zurückzieht und dem anderen, dem jetzt bewahrungskräftigeren Teil, Gelegenheit gibt, dem Kind nahezubleiben.

Es ließe sich hier einwenden und fragen: Geschieht denn dies alles nicht schon ausreichend, auch von Seiten der Behörde, bei diesen Kindern durch den Vormund? Ich behaupte: hier geschieht oft zu wenig, und es geschieht nicht mit der nötigen Konsequenz. Vor allem fehlt es immer wieder an der Zusammenarbeit – zwischen der Verwaltung, den Angehörigen und den Einrichtungen. Und dann wird Wesentliches versäumt, Chancen werden übersehen. Die Behörde und auch die »Angehörigen« sind oft nicht mehr genügend motiviert, um hier aktiv zu werden; es fehlt ihnen die Nähe zum Kind. Die Erzieher (die Pflegeeltern) leben mit dem Kind. An ihnen liegt es, als sein Anwalt rechtzeitig alle Chancen für eine bestmögliche Lebensperspektive zu nutzen.

Es geht dabei besonders um einen wichtigen übergeordneten Gesichtspunkt, den ich zum Schluß noch einmal betonen will, weil er oft vergessen wird. Er heißt: So viel Kontinuität wie möglich! Das Leiden dieser Kinder – mit der Folge, daß die »Verhaltensstörung« eben nicht abnehmen kann, sondern noch zunimmt – besteht sehr häufig darin, daß sie oft und immer wieder versetzt werden. Außenstehende (dazu gehören auch solche, welche diese Verlegungen verfügen) bedenken oft nicht, was ein neuer Wechsel für das Kind wieder bedeutet. Sie bedenken nicht, daß die verschiedenen Stationen für ein Kind nicht etwas Peripheres bedeuten, das ohne nachhaltige Wirkung bleibt. Muß man nicht beim Umpflanzen kleiner Bäumchen Glück haben? Man überlegt sich das Umpflanzen und trifft alle Vorkehrungen, daß es auch gelingt. Auch bei den Tieren ist das so. Manche Tiere überleben oft schon einen Transport nicht. Wie leichtfertig geht man also mit den Versetzungen von Kindern um! Ein mehrmals versetztes Kind kann den Wechsel seines Wurzelbodens nicht ohne schweren Schaden überstehen.

Regel 5

Keine Heilpädagogik ohne den musisch-künstlerischen Bereich

oder: heilen durch neu-sehen- (und -tun) lernen

Mit diesem Kapitel kehren wir wieder in den pädagogischen Innenraum zurück. Es geht um all die schönen Dinge, die überall, auch in der Familie, lebendig sein können und als »Therapeutika« anwendbar sind; die aber einen besonderen Pluspunkt guter, kultivierter Heimerziehung ausmachen, weil sie dort leichter organisierbar sind: da sind die Kinder auch in ihrer Freizeit da, auch abends und wochenends – und da sind immer viele Kinder für gemeinsames Tun (Singen, Spielen), was nicht Masse, sondern Leben bedeuten kann. Es geht um das Malen, Zeichnen, Werken, um Musik, Tanz, Gymnastik, um das Theaterspielen in allen Formen, auch um das Lesen, um die Gesprächsrunde; um das Sammeln; um die Beschäftigung mit Werken der Kunst; um die Muse also und auch um die Muße, wozu auch der Sport gehört und die Nähe zur Natur, der Garten, die Tiere, das Wandern.

Das Thema soll hier nicht in allen Teilen ausführlich dargestellt werden, es gibt da für jede Sparte viel Literatur. Wichtig ist, daß die hervorragenden Chancen, welche in diesem bewußt angebotenen Tun für unsere Kinder bestehen, gesehen und auch genutzt werden. Hier seien nur einige aus langer Erfahrung gewonnene Bemerkungen zu einzelnen Tätigkeiten gemacht. Es ist natürlich, daß es dabei Schwerpunkte gibt ganz nach Neigung und Begabung der Eltern, der Erzieher.

Das Zeichnen und Malen ist im Umgang mit diesen Kindern ein Wundermittel, das von jedem leicht und zu jeder Zeit und sozusagen mit raschem Erfolg angewendet werden kann. Hier eine Erinnerung des Heimleiters dazu.

Neuaufnahme eines Kindes. Das kleine Mädchen, acht, sitzt nun ein wenig unsicher, ängstlich, aber doch auch schon ein wenig erwartungsfroh bei mir im Büro. Das gute Zureden von allen Seiten ist beendet, der Überbringer ist weggegangen. Da ist man nun plötzlich allein bei ganz fremden Menschen. In der Gruppe war gerade noch niemand da, also hieß es noch ein wenig warten. Es ist schon wichtig, wie ein Heimleiterbüro ausgestattet ist. Dem Kind gefällt es hier schon ganz gut. Seine Gedanken sind zu erraten: Hier ist es gar nicht so übel. Beim Herumschauen entdeckt es viele schöne Sachen. Aber der vielbeschäftigte Heimleiter selbst hört schon wieder auf, mit mir zu sprechen. Das Telefon läutet. Man muß wieder warten. Dann frage ich das Kind: Magst du zeichnen, malen? Damit es dir nicht langweilig wird! Das Kind nickt stumm. Papier und bunte Stifte sind da. Die Kleine macht sich sofort darüber. Dann hält sie inne. Stumme Frage: Was soll ich malen? Ganz gleich, was dir halt einfällt. Eifriges Malen beginnt. Sprechen muß man nicht. Sprechen mag man noch nicht. Und doch spricht man – mit den Zeichnungen. Blatt um Blatt entsteht. Das Kind teilt mir mit ihnen mehr mit, als es mit Worten sagen könnte.

Zeichnen und Malen ergeben oft fortlaufend Therapie und Diagnose in einem Fluß. Das Kind drückt sich aus und ist auch schon dabei, sich ein wenig zu befreien. Die Reihe der Blätter, der Vergleich der Arbeiten nach einigen Monaten mit den ersten Arbeiten zeigt das ganz deutlich.

Das Basteln und Werken ist dann für unsere Zwecke besonders wichtig, weil man da bei den Stärken dieser Kinder ansetzen kann. Die Kinder entdecken eigene Fähigkeiten – und das macht zufrieden. Bisher und sonst wurden doch immer wieder, in der Schule sogar im Übermaß, nur ihre schwachen Stellen entdeckt und registriert; ihr Versagen im Lernen, auch im Verhalten. Aber manche dieser Kinder sind manuell besonders geschickt, haben ihre Intelligenz sozusagen in der Hand; da sind sie betätigungsfreudig und nicht selten sind es sogar kleine Künstler.

Für das verschiedene Werken hat sich in unserem Heim folgende Organisation am wirksamsten erwiesen: In einem großen, mit viel Material ausgestatteten Werkraum (besser: zwei bis drei ineinandergehende Räume) werden offene Werkstunden angeboten. Die Kinder können zu bestimmten Zeiten kommen und wählen, was sie tun wollen. Dabei wird auch einmal mit ein wenig List die Lust an irgend einem für dieses Kind besonders wichtigen Tun geweckt. Es gibt verschiedenes Material: Holz, Ton, Wolle usw. Wichtig ist, daß auch die schwachen Produkte des Kindes beachtet und gewürdigt werden.

In Heimen, die in dieser Hinsicht gut geführt sind, sieht man oft auf den ersten Blick: Hier zeichnen und malen die Kinder immerzu, hier wird gewerkt – und das alles ist keine seltene Ausnahme. Eine gute Wirkung geht davon aus für das einzelne Kind und auch für eine bildhafte Atmosphäre des Hauses.

Eine eigene Fachkraft für alle diese Betätigungen haben wir uns im Heim schon in einer Zeit, in der es materiell noch dürftig zuging (gleich nach dem letzten Krieg) geleistet, haben diese finanziell durchgesetzt. Die Planstelle wurde dann noch mehr ausgebaut. Unsere »Hausmuse« hatte außer den offenen Werkstunden alles musische Leben im Heim zu pflegen, die Erzieher in den Gruppen zum eigenen Tun anzuregen, Begabungen herauszufinden, das Theaterspiel zu pflegen, (das kleine Theaterspielen in der Stube, aber auch das »große«, d. h. für Vorführungen und Feiern während des Jahres), Feiern vorzubereiten, das Musizieren zu koordinieren, ambulante Fachkräfte hierfür zu gewinnen, soweit sie nicht selbst den Unterricht für ein einzelnes Instrument übernahm.

Der Musikbetrieb in der Familie und im Heim leidet bekanntlich darunter, daß es Kindern überhaupt und diesen Kindern insbesondere immer wieder an Ausdauer fehlt. Sie begeistern sich rasch dafür, ein Instrument lernen zu dürfen, wollen aber bald wieder aufgeben. Das muß man vorausbedenken, und man darf nicht enttäuscht sein.

Relativ leicht ist das Flötenspiel. Wir hatten stets eine größere Zahl von Flötenspielern. Nur wenige brachten es dabei weit, aber alle durften an Vorspielabenden ganz kurze Debuts geben. Sehr nützlich ist das Mitspielen in den sogenannten Orff-Gruppen. Da braucht es nicht viel Vorbereitungen und nicht das langweilige Erlernen eines Instrumentes. Wir hatten in guten Zeiten mehrere solcher Gruppen. Ich erinnere mich an viele Kinder, die dort eine wesentliche Förderung erfuhren. An den kleinen siebenjährigen *Max* zum Beispiel. Er war in der geistigen Entwicklung sehr zurück, von einer erethischen Unruhe. Im kleinen Kreis der Orff-Musikanten stand er nun immer wieder da mit seiner Triangel und wartete darauf, bis er drankam – und freute sich.

Zur Therapie mit Musik gehört auch das Musikhören. Es wirkt beruhigend, wenn abends vor dem Schlafengehen noch eine Platte aufgelegt wird oder noch besser: wenn da musiziert wird; das Kind ist nur dabei und hört zu.

Der besondere Wert der musikalischen Eigenbetätigung zeigt sich auch bei Jugendlichen; das Mitspielen in einer wenn auch noch so amateurhaften Hausband kann bei einem Jugendlichen mit schwieriger innerer Verfassung zeitweise der einzige positive Ansatzpunkt sein.

Eine Art heilpädagogischer Tiefenwirkung kann vom Theaterspielen ausgehen. Ich denke dabei an das häufige Stegreifspiel, das Familie-Spielen, das Schule-Spielen, das spontane Spielen einer erlebten oder gelesenen Geschichte. Hier kommt etwas von den Affekten, Aggressionen, unerfüllten Sehnsüchten, kurz: etwas von dem ganzen Innenleben des jungen Menschen zum Vorschein, wiederum mit diagnostischer und zugleich therapeutischer Bedeutung.

Stefan, ein »Ehemaliger«, heute 32 Jahre alt; hat seine ganze Kindheit und Jugendzeit im Heim verbracht. Von den eigenen Eltern arg vernachlässigt, schwierig, dazu noch von auffallendem Kleinwuchs. Ich erinnere mich, daß der Junge durch viele Jahre hindurch sich immer wieder nach einer ganz bestimmten

Rolle drängte und diese nicht gern einem anderen überlassen wollte: den lustigen oder auch bösen Zwerg, das Rumpelstilzchen, den Rübezahl. Ich bin sicher: Er hat das auch auf seiner kleinen Gestalt beruhende Minderwertigkeitsgefühl in diesen Spielen »ausgespielt«, er hat sich ›gesundgespielt‹ – eine Parallele zum Malen: Kinder können sich auch gesundmalen.

Das Rollenspiel hilft gerade diesen Kindern bei der Identitätsfindung. Mit bestimmten Figuren im Kasperletheater zum Beispiel baut sich das Kind eine Art Hilfs-Ego auf: Was man selber sein oder tun möchte, ist dort konkret sichtbar und erlebbar geworden. Ähnlich wichtig ist für diese Kinder das Rollenspiel auch ohne Theater, zum Beispiel das Verkleiden in der Karnevalszeit.

Einige Kinder in der Gruppe wissen schon Monate vorher ganz genau, was sie beim nächsten Fasching »sein werden«, z. B. ein Räuber, die schöne Dame, ein Clown usw. Es wäre undenkbar, diesen Wunsch nicht zu erfüllen. Aber da gibt es wiederum ein Kind, das von sich aus keine Idee hat. Im Gespräch direkt befragt, sagt es einfach: Ich weiß nichts. In Wirklichkeit spricht gerade dieses Verhalten eine deutliche Sprache. Es heißt wieder: Mit mir ist es doch nichts, mir ist sowieso alles gleich. Die therapeutische Möglichkeit liegt hier nahe. Man macht Vorschläge zu irgendeiner Rolle, die man sich für das Kind ausgedacht hat. Man hat eine Idee – das Kind willigt freudig ein und man hat ihm damit ein Stück weitergeholfen.

Einem Kind in schlechter innerer Verfassung kann auch ein Buch, das Vorlesen, das Lesen überhaupt, helfen. Zunächst das gemeinsame Anschauen und Lesen eines Bilderbuchs – ein Standardvorgang von Bilden und gleichzeitigem Bergen (dem Erwachsenen dabei Ganz-nahe-sein-dürfen). Dann das eigene Lesen und der sich vergrößernde eigene Bücherbesitz; die kleine Bücherei der Gruppe, die gepflegte Ausleihbücherei im größeren Heim – dies (und anderes) auch als Gegengewicht gegen das Fernsehen. Die Zunahme des Fernsehens hat die

Freude am Lesen bei Kindern übrigens nicht gemindert. Aus einer Untersuchung geht hervor, daß ausgewähltes Fernsehen den Leseeifer sogar fördert. Dem Fernsehen sollte man übrigens (was manche Pädagogen tun) nicht allzu negativ gegenüberstehen. Es ist nicht »an allem schuld«, es muß nur vernünftig verwendet werden – und pädagogisch vernünftig heißt: mäßig und – wenn immer es geht – mit anschließenden Gesprächen über das Gesehene.

In die Reihe der Anregungen und Angebote, die Freude bringen, gehört auch das Sammeln. Die Freude des Kindes am Sammeln kommt uns da entgegen.

Ich war als Heimleiter ein eifriger Briefmarkensammler – vor allem für die Kinder. Mir fehlte es nie an kleinen Kunden, die danach fragten. Ich lud auch einmal ein besonderes Sorgenkind ein, doch wieder einmal nachzusehen, ob es nicht bei mir etwas zu holen gäbe. Dann ergab sich auch leicht ein Gespräch mit dem Kind, das mir gerade wichtig erschien.

Wenn Eltern, Erzieher sich mit etwas besonders gern beschäftigen, so kann das auch die Kinder anstecken. Als Liebhaber der Malerei, insbesondere der ›Moderne‹, sammelte ich z. B. gern Kunstkarten. Ich zeigte sie manchmal auch den Kindern, reichte sie zum Anschauen herum und fragte, welche ihnen gefallen (und warum) und welche nicht. Einzelne Kinder äußerten den Wunsch, selbst Kunstkarten zu besitzen. Ich schenkte ihnen ab und zu eine. Die Interessenten unter den größeren Kindern wurden immer mehr. Sie wünschten sich Kunstkarten zum Geburtstag. Daraus entstand dann eine regelrechte Kunstkartenaktion in unserem Heim. Wir kauften von einigen Verlagen die Karten im Vorrat (zu verbilligten Preisen, damals für 20 Pfennig). Die Kinder konnten sich nun auch selbst mit ihrem Taschengeld Karten besorgen. Es gab Verkaufszeiten bei der Hausmuse. Der Vorrat wurde immer wieder aufgefüllt. – Eine Erinnerung: Ein Mädchen, 16, kam dann einmal zu mir und sagte stolz, sie habe nun alle Karten von van Gogh. Wir verglichen mit meiner Sammlung und mit einem Buch über van Gogh. Es waren noch nicht alle. – Dieses Sammeln, die Liebe, das Interesse und auch schon das Verständnis für die Kunst ist bei vielen Jugendlichen, die inzwischen erwachsen sind, als Lebensbereicherung geblieben. Ich meine: auch solches gehört zu einer kleinen Heilpädagogik.

Mit den genannten Ansätzen zu diesem Punkt ist immer wieder ein Bereich angesprochen, der für diese Kinder eine besondere Bedeutung hat: die sogenannte Freizeit, der »dritte Raum« zwischen Zuhause und Schule. Ist man nun sehr darauf bedacht, auch ihn für unsere Zwecke zu nutzen, so besteht aber die Gefahr, daß man zu viel »macht«; daß jede Stunde, ja jede Viertelstunde verplant wird. Ich erinnere mich da an das gute Wort der Leiterin eines Kindergärtnerinnen-Seminars an ihre Schülerinnen: »Haltet die Kinder nicht ständig in der Spannung der Unterhaltung.«

Freizeit – dieser Teil des Tages (jeder Tag muß einen solchen Teil einschließen) muß gerade bei unseren Kindern auch die traumverlorene Kinderstunde sein, in der man eine Feder vor sich her bläst, zufällig einen Kameraden findet oder auch nicht. Das Kind soll, wenn es nach den Schularbeiten die berühmte Frage stellt, ob es nun hinunter- oder hinausgehen darf, nicht mehr unbedingt zurückgefragt werden: Was willst du denn tun, wohin gehst du? Es soll dann darauf antworten dürfen: Ich weiß es noch nicht.

Eines ist freilich in diesem Zusammenhang wichtig: die Notwendigkeit der Bewegung, die körperliche Seite, der Zusammenhang der seelischen mit der körperlichen Gesundheit.

Der Sport spielt in den Heimen oft eine wichtige Rolle. Wenn man dabei die Übungen, die Spiele nicht genügend sozial-pädagogisch denkenden Sportlehrern überläßt, kann unser Kind auch dabei wieder unter die Räder kommen, versagen und wieder in die Außenseiterrolle geraten.

Auf die besondere Bedeutung des Schwimmens für verhaltensgestörte Kinder sei aufmerksam gemacht. Schon das Erlernen des Schwimmens ist ein besonderes Erfolgserlebnis. Hinzu kommt dann, daß im Wasser eine sehr freie Bewegung möglich ist, mit der Folge von Entspannung und Entlastung in hohem Grad. – Es gibt da eine Untersuchung aus dem psychologischen Institut Bonn, in der es heißt:

Die Kinder vermögen nach dieser Behandlung besser, in angemessener Weise die Erfüllung eigener Wünsche durchzusetzen; sie leben weniger im Bewußtsein, Ereignissen ausgesetzt zu sein, die ihre Entfaltungsmöglichkeiten einschränken (berichtet in der Zeitschrift »Praxis der Kinderpsychologie«, Heft 8/71, S. 291).

Heilpädagogik hat etwas mit körperlicher Gesundheit zu tun – diese wiederum gibt es nicht ohne die Natur, die Bewegung in ihr, die Nähe zu ihr, auch ihre Kenntnis. Der Hinweis darauf ist heute – angesichts einer zunehmenden ökologischen Bewegung – keine unzeitgemäße Betrachtung mehr. Vor einigen Jahren sprachen einmal alle besonders ›progressiven‹ Pädagogen von Wiese, Wald und Wandern nur noch abwertend. Heimerziehung z. B. sollte unbedingt ganz weit weg weg davon stattfinden, konnte für sie gar nicht konfliktnah genug im Zentrum der Großstädte angesiedelt werden (dabei störte diese Sprecher nicht, daß – gesellschaftskritisch gesehen – »Natur« allmählich nur noch den Reichen geschenkt blieb). Heute heißt es: Natur, das gesündeste Hobby. Die Pädagogen selbst waren aber immer schon froh, wenn ihnen auch in der Stadt wenigstens noch Reste von Natur, von ›Ursprünglichem‹ für die Gestaltung des Kinderlebens verblieben sind: der Garten, Bäume, Vögel, ein Stück Wald, Bewegung im Wald (auch im ›Dreck‹).

Ich habe mich in unserem Heim täglich gefreut über unser großes Heimgelände. Da sind z. B. viele Kastanienbäume mit ihrem eindrucksvollen Jahreswechsel (die Knospe im Herbst mit der in ihrem Innern schon vorhandenen zart geschützten kleine Blütenkrone, die Überwinterung, die Blüte, die allmähliche Reifung zu den glänzenden Früchten); das reiche Vogelleben in den alten Bäumen; der Garten, das Tun des Gärtners; die Privatbeete der Gruppen und einzelner Kinder. Neuerdings sind auch Hühner da.

Tiere im Heim sind wichtig. Der Heimleiter *R. Podgornik* schildert das ausführlich in einem Aufsatz »Tiere im Heim« in Unserer Jugend, Heft 12/74. Entsprechende Voraussetzungen müssen dafür geschaffen werden, damit die Tiere nicht zu pädagogischen Opfertieren werden. – Das Pferd wird in immer mehr Heimen als besonders wirksames heilpädagogisches Mittel gesehen. *A. Randenberg* berichtet darüber in einem Beitrag »Das Pferd als heilpädagogisches Mittel im Heim«, Unsere Jugend, Heft 5/78. Hier wird berichtet, daß diese Art Sporttherapie besonders bei Kindern mit Kontaktschwierigkeiten mit Erfolg angewendet wird.

Das Wandern in allen Formen und Variationen muß man wohl in dieser Arbeit großschreiben. Dabei geht es nicht nur um die Befriedigung von Bewegungsbedürfnissen, Erholung von Stadt und Schule, das Aushalten von Durst noch eine weitere Stunde lang; um das gesunde Müdewerden, damit man auch wieder gut schlafen kann; um all dies auch, aber zugleich um noch etwas Wichtigeres, um die Chance nämlich, daß für das seelisch verkümmerte Kind ein im urbanen Dasein nur mehr schwer erfahrbares Leben erfahrbar wird: das Wunder der Welt. Auf der Suche nach der Pfingstwiese, im Gang durch den Wald, am Morgen oder am Abend vor der Berghütte kamen unsere Heimkinder einmal zum Staunen, zum Ergriffensein, zur Ehrfurcht. Eine Grundfähigkeit dazu können wir beim Kind als gegeben annehmen. Aber sie ist verschüttet, wenn sie gar nicht gepflegt wurde. Sich für nichts Immaterielles begeistern können, gehört zum Wesensmerkmal seelischer Verkümmerung. Für jede Pädagogik und für unser Bemühen um Nacherziehung vernachlässigter Kinder gilt dieses *Goethe*-Wort: »Eines bringt niemand mit auf die Welt, und doch ist es das, worauf alles ankommt, damit der Mensch nach allen Seiten hin ein Mensch sei: Ehrfurcht« (aus »Wilhelm Meisters Wanderjahre«). Der berühmte alte Biologe *A. Portmann* schreibt: »Die Fähigkeit zum Ergriffensein ist uns von Kindheit an gegeben, aber wir sind für das ganz Andere durch eine übersteigerte Geltung rationaler Denkformen blind geworden.« Es geht um ein Geöffnetsein für ein »Wahrnehmen, in dem man noch etwas hinzu wahrnimmt, das der Ehrfurchtslose nicht sieht« *(Max Scheler)*.

Wie aber ist dieses Geöffnetsein zu erreichen, wieder zu erreichen, das gerade diese Kinder in besonderer Weise reicher, von sich selbst unabhängiger macht, in der Tiefe tröstet? Es läßt sich am besten immer wieder dadurch erreichen, wecken, anstiften, wenn wir uns selbst dem Kind in der eigenen Ehrfürchtigkeit, im eigenen Ergriffensein auch einmal zeigen; dies natürlich ohne alle aufdringliche Betonung; in der gemeinsamen Begegnung mit dem Schönen in der Natur und in der Kunst. Eigene Ehrfurcht steckt an.

Regel 6

Keine Heilpädagogik ohne religiöse Bildung
oder: von der Hoffnung auf eine letzte Geborgenheit

Offensein, Offenwerden für etwas noch ganz anderes, Ehrfurcht – dieser Gedanke führt uns schließlich zu dem, was man bisher religiöse Bildung genannt hat; ein Bereich, der von vielen sich selbst als »aufgeklärt« verstehenden Vertretern der Erziehungswissenschaften und auch von vielen Praktikern heute ausgeklammert, verdrängt oder – wenn auch nur aus Verlegenheit – gar nicht mehr genannt wird. Übrig bleiben in den pädagogischen Einrichtungen zu dieser Frage dann oft nur noch einige Zugeständnisse der Toleranz gegen Mitarbeiter, die sich noch als religiös gebunden bezeichnen.

Die Frage, ob wir denn diesen Bereich in unserem Zusammenhang nicht doch ausklammern müßten, ist mir in Diskussionen, beim Durchsprechen der 7 Regeln in Erzieherseminaren wiederholt gestellt worden. Die Frage ist in gewissem Sinn berechtigt, vor allem dann, wenn man Religion mit Kirche gleichsetzt. Dann ist das freilich eine Welt voller Widersprüche, von Glaubenskriegen, von Machtausübung, ja von Unterdrükkung der Armen und der Unterstützung der reichen Unterdrücker. Aber Kirche ist nicht schon Religion.* Wie steht es mit der Sache selbst?

Daß heute viele die religiösen Aktivitäten in der Jugendhilfe, besonders in der Heimerziehung, ablehnen oder mindestens sehr skeptisch betrachten, hat noch einen besonderen Grund in eigener oder überlieferter Praxiserfahrung. Wie sah kirchlich-religiös orientierte Heilpädagogik in der Praxis aus? Wer von uns Älteren hat das nicht erleben müssen: Man hat einen strengen Gott als Hilfsmittel für einen lediglich Gehorsam heischenden und Angst machenden Umgang mit diesen Kindern mißbraucht. »Gott sieht alles und weiß alles und straft dich.« Für die Reglementierung verhaltensgestörter Kinder, die eben bös sind und brav sein sollen, ist das sehr praktisch: aber es ist das Gegenteil von Heilpädagogik, es ist eine Unheil-Pädagogik. Geübt wurde sie in alten Waisenhäusern; in besonders klassischer Form in der alten Fürsorgeerziehung für männliche und vor allem für weibliche Jugendliche. Man deutete das Mitmachen mit einer Vielzahl von äußeren kirchlichen Übungen

---

* Das große Ereignis des Papstbesuches in Polen im Jahre 1979 zeigte zwar, daß die Kirche die gute Sehnsucht der Menschen sammeln könnte.

schon als Erfolg und wähnte, daß die »Rettung« des jungen Menschen gelungen sei. Der sogenannte Rettungsgedanke spielte überhaupt in der alten Jugendfürsorge eine große Rolle. »Um äußerer Vorteile willen lassen sich ›Glaube‹, ›Gesinnung‹ zwar einheucheln, aber nicht gewinnen« *(Elisabeth Siegel)*.*

Ich möchte meine These »Keine Heilpädagogik ohne religiöse Bildung« noch gegen eine andere Theorie und Praxis abgrenzen, die mir einmal ein geistlicher Heimleiter deutlich machte. Es ging um die Einführung von kleinen familiären Gruppen in der Heimerziehung. »Mein Einwand gegen Ihre Bemühung, mehr ›Familie‹ in die Heimerziehung einzubringen«, sagte der Theologe, »ist dieser: diesen Kindern muß man doch vor allem sagen, daß sie einen Vater im Himmel haben.« Der Verweis auf das Jenseits als Trost für ein unglückliches Leben war in der früheren Armenfürsorge weit verbreitet. Er ist mehr als ein theologischer Irrtum. Wenn man nichts oder wenig tut, um den »Armen« das Leben erträglicher zu gestalten, bedeutet er Lieblosigkeit, also gerade das Gegenteil von Religion.

Der Sprecher vergaß, daß man die Kinder gar nicht auf einen »Vater im Himmel« vertrösten kann, wenn und so lange sie nicht wissen, was ein Vater, was Elternliebe überhaupt ist; wenn sie nicht zumindest eine Ahnung davon bekommen, was es heißt, ein wenig geborgen, zu Hause zu sein. Er kennt auch nicht die Erklärung des *J. H. Pestalozzi* (dieser war zwar kirchenkritisch, aber im Grunde sehr fromm); das folgende Wort, das den tiefinneren Zusammenhang von Geliebtwerden und Gott-erfahren-Können überzeugend deutlich macht. Noch in keiner neueren Literatur ist diese Erklärung übertroffen worden.

---

* *Elisabeth Siegel:* Die geistigen und seelischen Voraussetzungen der Arbeit der Sozialtätigen. Vortrag der Jahrestagung der Gilde Soziale Arbeit auf Burg Ludwigstein am 8. Mai 1948.

»Es ist umsonst, daß du den Armen sagst: Es ist ein Gott – und den Waislein: Du hast einen Vater im Himmel. Mit Bildern und Worten lehrt kein Mensch den anderen Gott kennen. Aber wenn du dem Armen hilfst, daß er wie ein Mensch leben kann, zeigst du ihm Gott; und wenn du das Waislein erziehst und liebst, wie wenn es einen Vater hätte, so lehrst du es den Vater im Himmel kennen, der dein Herz also gebildet hat, daß du es lieben mußtest.«

In den (zu wenig bekannten) Briefen *Pestalozzis* an den Engländer *Greaves* (1809) geht *Pestalozzi* noch einen Schritt weiter. Er spricht einmal von der letzten und höchsten Freude, vom Triumph der Mutterliebe und sagt:

»Sie begrüßt in ihrem Kind nicht nur den Erdenbürger. Du bist geboren für die Unsterblichkeit, ruft sie aus.«

Heilpädagogik hat in fundamentaler Weise etwas mit Religion zu tun. Die »Heilung« des sozial geschädigten Kindes muß in der gleichen Tiefe geschehen, in der seine Schädigung stattfand. Liebevolles Wahrnehmen, Zuwendung – das ist nicht nur von leiblichen Eltern möglich, es ist nicht unbedingt an das ›Blut‹ gebunden – macht es dem Kind erst möglich, in einer tieferen Schicht auch ganz Mensch zu werden und zu sein. Jede Heilpädagogik sorgt dafür, muß dafür sorgen, daß auch unserem Kind die von *Erikson* mit dem guten Wort »Urvertrauen« bezeichnete Erfahrung zuteil wird, die ihn trägt, was er auch immer zu erwarten hat – und wie endlich oder unendlich er angelegt sein mag.

Die Bemühung um die behinderten, auch um diese behinderten Kinder hat noch in besonderer Weise etwas mit Religion zu tun. Diese Kinder haben früh das Leid erfahren. Warum gibt es das Leid? Es kann nicht weggeplant werden, auch nicht in unserer modernen, fortgeschrittenen Welt. Warum ist es da? Die Frage ist müßig. Es ist da. Es kommt von weiter her. Wir stoßen gerade im Umgang mit diesen Kindern ganz elementar auf die anthropologische Grundfrage, wer wir sind. Was ist der Mensch? Die Antwort darauf verdrängen wir immer wieder gern in einer Art intellektuellen Selbstbetrugs. Die allgemeine Pädagogik tut das sehr kräftig, wenn sie (wie z. B. in der Schule) nur etwas mit sozial und körperlich gesunden Kindern zu tun haben will. Zum Wesen des Menschen gehört seine Gebrechlichkeit, die Krankheit, die Unsicherheit von heute auf morgen, das Leid – auch das von ihm selbst oder anderen nicht verschuldete Leid; auch das Leid der Schuld. Zu seinem Wesen gehört die Armut – und wer nicht arm sein will, der ist es um so mehr. Wie ist das Leid zu ertragen? Letztlich doch nur durch das ›Fiat mihi‹, durch das Annehmen, durch den Glauben, die Liebe und die Hoffnung. »Es gibt ein anderes Leben, das von einem beständigen Gefühl dessen herrührt, was wir wir wirklich sind« (*Saul Bellow*. Rede nach Empfang des Nobelpreises für Literatur 1975).

Wir erfahren dies im eigenen Leben, im Umgang mit Menschen überhaupt – und wir erfahren es ganz besonders im Umgang mit diesen Kindern. Ich bemerke immer wieder, daß unsere ehemaligen Heimkinder den normalen Mitmenschen auch etwas voraus haben, eben gerade dieses: Sie kommen von der Leiderfahrung her. Sie wissen Bescheid. Oft sind sie – auf dem Hintergrund primärer Unschuld – »schuldig« geworden und haben die Verzeihung erfahren, können mit dem »mir ist verziehen« wieder weiterleben. Sie wurden bedrängt, aber nicht erdrückt. Sie haben die Hoffnung. Sie sind dankbar.

Bleiben wir in diesem Zusammenhang nochmal bei der Zuwendung. Da gibt es einen Vorgang im täglichen Geschehen, der immer wieder alles Wesentliche an Heilpädagogik enthalten kann: die Gute-Nacht-Viertelstunde. Das Kind wird zum Schlafen gebracht, das größere verabschiedet sich. Das dauert einmal kürzer, einmal länger. Es muß auch einmal länger dauern dürfen. Der »Erzieher« (oder wie er vom Kind beim

Namen genannt werden mag), steht dem Kind nochmal ganz zur Verfügung – ausgedrückt mehr im Blick als in Worten. Er spürt das Verlangen nach Angenommensein und erfüllt es mit Zärtlichkeit verschiedener Art. Aber da wird ihm doch immer wieder bewußt: Letzte Geborgenheit können wir uns gegenseitig, können wir dem Kind gar nicht geben. Nur so viel ist da: »Jemand hat dich so gebildet, daß du mich liebst.« Aber wir sind doch beide, das Kind und ich, im Grunde gleich arm. Wir sind in unserem Suchen und Sehnen hinausverwiesen in die andere Dimension, von der wir ahnen, daß es sie gibt, auch wenn wir sie als raum- und zeitgebundene Wesen nicht fassen können. – Was in solchen Zeiten am Schluß des Tages miteinander gesprochen wird, was man da einander erzählt und auch bekennt, ob da gebetet wird oder nicht, ob man noch etwas gemeinsam liest, ein Stück guten Textes zu Hilfe nimmt – das ist dann alles sekundär.

Der Psychotherapeut *H. Müller-Eckhard* schreibt in seinem Buch »Das unverstandene Kind« einmal über die Gute-Nacht-Viertelstunde so:

»Wir zögern nicht, ein solches, lange Jahre hindurch allabendlich stattgefundenes Zwiegespräch zwischen Mutter und Kind vor dem Einschlafen des Kindes als eine der wichtigsten Lebenshilfen zu bezeichnen.«

Wie kann Helfen-Wollen von diesem Denken her weiter aussehen? In schlechter Erinnerung an alte Anstaltspädagogik kann man als einen Grundsatz nennen: Nicht zu viel ›machen‹! Andererseits ist – gar nichts auch zu wenig. Der Einwand, man dürfe hier gar nichts tun, man müsse die Kinder, älter geworden, selber entscheiden lassen, klingt modern und sehr freiheitlich, aber »Freiheit« kann für ein Kind nicht darin bestehen, daß die Eltern (oder Ersatzeltern) ihre eigenen Wertvorstellungen verschweigen und dem Kind gar nichts mitgeben. Man kann im Namen der Freiheit den Kindern auch etwas schuldig bleiben und den heute da und dort spürbaren Hang zum Nihilismus noch fördern. Ich habe es bei kirchlich gebundenen Erziehern doch oft als eine gute Form empfunden, wenn das Kind sich in das religiöse Leben der bestehenden Gemeinschaft einfach mit hineingenommen sah; freilich mußte es dann diese Grenze geben: Wenn beim größeren Kind Widerstand aufkam oder aufkommt, Widerstand am Mitmachen, dann darf es keinen Zwang, auch keinen versteckten Zwang geben.

Unzeitgemäß aktiv sollten alle Erzieher – besonders im sozialpädagogischen Bereich – heute angesichts unserer akustischen Situation sein in einem Punkt: in der Organisation von Stille.

»Religion tun, heißt Stille tun (Sei still und erkenne, daß ich Gott bin. Psalm 46, 11). Aber Stillsein gehört zu den schwierigsten Dingen, mit denen sich der Mensch beschäftigen kann. Welche Erfahrung hat das Kind bisher mit der Stille gemacht? Stille kann zunächst bei diesen Kindern Furcht und Angst bringen. Auch Gedanken, auch Gefühle schreien. Man muß oft Stille-Übungen mit Lärm beginnen... Und nicht die erzwungene, sondern die angebotene Stille ist es, um die es da geht.«*

Wie aber sieht der Umgang in dieser Frage nicht mit Kindern, sondern mit Jugendlichen aus? Mit solchen, die sehr schwierig sind und schon als dissozial begutachtet wurden? Die innere Situation ist hier nur scheinbar besonders schwierig, in Wirklichkeit oft sogar leichter. Bei *Aichhorn* (»Verwahrloste Jugend«) heißt es da einmal: »Sie lehnen nach außen alles ab, was Religion heißt, weil sie eben überhaupt viel Haß, Abwehr in sich aufgespeichert haben; in Wirklichkeit sind es oft verzweifelt Fragende, die ein tiefes religiöses Empfinden spüren lassen, wenn man sich näher mit ihnen beschäftigt.« Der Leiter

---

* Aus: *Rainer Mehringer*, Pädagogik – ohne Religion? Unsere Jugend, Heft 2/74

einer Klinik für seelisch kranke Kinder und Jugendliche erzählte von vielen suizid-gefährdeten Jugendlichen, die in seine Einrichtung kommen. Sie konfrontieren ihn und die Mitarbeiter oft mit dieser Rede: »Unser Leben ist sinnlos. Auch das Ihre! Geben Sie es nur zu!« Welch eine Anforderung, solchen Gesprächen heilpädagogisch im tieferen Sinn standzuhalten! Das Angebot der Religion ist einfach mit zu bedenken – ›religio‹ als Verbindung auf den Ursprung, auf unser Woher und Wohin; als ein Angebot, »alles Streben und Erkennen letztlich von Gott her und auf Gott hin bestimmt sein zu lassen… «

Heilpädagogik – unser »Heil« liegt letztlich nicht nur in der perfekten Installation dieses Lebens. Den Skeptikern zu dieser Meinung sagt zum Beispiel *H. Gollwitzer* (»Ich frage nach dem Sinn des Lebens«): »Viele halten die Religion für ein Abhängigkeitssystem. Sie wissen nicht: Freiheit, Befreiung ist ein Zentralwort des Evangeliums.« Und bei *Erikson* (»Kindheit und Gesellschaft«) lesen wir: »Wer behauptet, Religion zu haben, muß imstande sein, einen Glauben daraus zu entnehmen, den er in Form von Vertrauen weitergeben kann; wer aber behauptet, keine Religion zu haben, muß diesen Glauben aus anderen Quellen beziehen.« Zu erinnern ist hier auch an den großen Therapeuten *C. G. Jung*, der uns in seiner Archetypen-Lehre zeigt, daß Gott erfahren werden kann. »Der Mensch ist ein Symbol, das Ursymbol ist Gott.« *Jung* berichtet am Schluß seines Lebens, daß alle seine Patienten, die zu einer Heilung gekommen sind, zur Religion gefunden oder zurückgefunden haben.

Es sei mir erlaubt, hier noch auf einen letzten Zusammenhang hinzuweisen, der nun nicht mehr unmittelbar diese Kinder selbst, sondern die Menschen betrifft, die ihnen helfen wollen. Ich habe die Erfahrung gemacht, daß viele Heilpädagogen, auch Laien-Heilpädagogen, Erzieher (junge und alte), Eltern behinderter Kinder, Pflegeeltern, Adoptiveltern – und auch viele Berater, die mit diesen Menschen zusammen das Helfen zustandegebracht haben – für ihr Tun von einer religiösen Grundeinstellung aus motiviert sind; oft um so stärker und echter, je weniger sie das selbst betonten. In unseren Breiten heißt das noch konkreter: Es geschieht auch aus dem Bestreben heraus, konsequent Christ zu sein, die Aussage der Bergpredigt zu leben, der menschlichen Dunkelheit, Versehrtheit und Verkehrtheit das Gesetz der Barmherzigkeit entgegenzustellen.

Die Gefahr der Übertreibung religiösen Ausdrucks ist heute nicht mehr groß – eher die umgekehrte Gefahr: Man vergißt heute leicht, daß man auch mit einer perfekten Ausstattung und einer präzisen wissenschaftlichen Konzeption (einschließlich genauer Erziehungspläne) nicht alles schaffen kann. Trotz meiner besten Bemühungen können die Erfolge ausbleiben. Sie sind nicht das berechenbare Ergebnis meiner Bemühungen. Sie liegen letzten Endes im Bereich der Gnade.

Regel 7

unter den heilpädagogischen Faktoren auch sich selbst bedenken

oder: worauf man gefaßt sein muß – von Selbstkontrolle und Selbsterhaltung

Die letzte Regel in unserer »kleinen« Heilpädagogik betrifft nun ganz den Erzieher selbst – oder wie auch immer die Bezugsperson Nr. 1 für unser Kind für eine längere Zeit oder auch für eine entscheidende kurze Zeit heißen mag. Es soll hier nicht die ganze Erzieherfrage mit ihrer heutigen Problematik, die Konkurrenz zwischen Familie und familienergänzenden Einrichtungen, zwischen Heimerziehung und Pflegestellenwesen, die sozialpädagogische Kompetenz auch der Schule, des Lehrherrn, des Leiters in einer Jugendgruppe erörtert werden. Nehmen wir einmal an, daß die Menschen für diese Kinder da sind, mit ihrem ganzen guten Willen, fachlich vorgebildet (nicht unter-, aber auch nicht überbildet), gut ausgewählt und vorbereitet (dies gilt vor allem für Adoptiv- und Pflegeeltern). Wo liegen dann die möglichen Fehlerquellen bei diesen Menschen selbst; Einstellungsfixierungen, die sich hemmend auf den Heilungsvorgang auswirken?

Gleich zuerst muß man hier sagen und betonen: Eigenart, eigene Art darf sein, ja sie muß sein und muß in diesem Tun sein dürfen – einschließlich der zu jedem Menschen gehörenden Stärken, aber auch Schwächen und Fehler. Auch hier ist der Respekt vor dem anderen, die Anerkennung der »Anderheit« *(M. Buber)* des einzelnen Menschen geboten wie gegenüber dem Kind, wie die Pflicht zum sorgfältigen Wahrnehmen der Eigenart eines Kindes. Beide Vorgänge bedingen sogar einander. Wie taktvoll Erwachsene miteinander umgehen, sich gelten lassen, und auch wie mit ihnen umgegangen wird – so gehen sie auch mit den Kindern um. Dieser Grundsatz – »auch der Erzieher muß er selbst sein, muß seinen Stil haben dürfen« – wird oft zuwenig beachtet. – Eigenart also, auch mit schwachen Seiten – nur auf eine Voraussetzung kann nicht verzichtet werden: auf das Ernstnehmen der Aufgabe und die Freude an ihr. Nichts anfangen können diese Kinder mit Menschen, die in diesen Beruf nur aus Verlegenheit geraten sind und dort bleiben (weil gerade nichts anderes anfällt), obwohl sie das alles viel zu mühsam finden; mit einem häufig wechselnden »Personal«, das hastig und in der Hauptsache mit sich selbst beschäftigt bei den Kindern Dienst tut. Die Ausgangslage muß klar sein: Man muß für die Kinder da sein, mit ihnen leben wollen, wobei dann nicht so sehr das entscheidet, was die Erzieher (die Pflegeeltern) tun und sagen, sondern das, was sie sind, was von ihnen ausgeht. Erfahrene Heilpädagogen, alte und zeitgenössische, bestätigen es, daß darin das eigentlich Schöpferische in diesem Tun liegt.

Pestalozzis »Stanzer Brief« enthält eine Stelle, in der unübertroffen sprachkräftig und doch sehr einfach das Wesentliche dieses Tuns nicht als eine Methode, sondern als ein Tun des Menschen selbst, als ein Tun aus dem Herzen gekennzeichnet wird. Die Stelle heißt so:

»Die Verwilderung der Kinder und die Verwirrung des Ganzen war mit allem Zutrauen und mit allem Eifer nicht zu beheben. Ich mußte für die Ordnung des Ganges im ganzen ein Fundament suchen und dasselbe gleichsam selber hervorbringen. Es mußte aus meinem Verhältnis mit den Kindern hervorgehen. Hierauf baute ich: daß mein Herz an meinen Kindern hange, daß ihre Not meine Not, ihr Glück mein Glück, ihre Freude meine Freude sei.«

Und bei unserem Zeitgenossen *Fritz Redl* lesen wir (in seinem Buch mit dem bezeichnenden Titel »Kinder, die hassen«):

»Bei den Kindern, die hassen, ist auch ein bescheidener Erfolg nur denkbar, wenn Erzieher und Therapeut in grundsätzlicher Gleichwertigkeit bereit sind, das tägliche Leben mit den Kindern zu teilen. Diese harte Forderung ist der Kern unserer Erfahrungen.«

Man muß dies nicht tun (wie in der Familie: man muß keine Kinder haben), aber wenn man es tun will, muß man wissen, was man tut: Man muß sich selbst in das Geschehen mit hineingeben.

Worauf aber soll man dann gefaßt sein? Für das vorbereitende und begleitende Gespräch mit diesen Personen scheint mir der Hinweis auf diese drei Punkte wichtig zu sein:

1. *Selbstkontrolle*
2. *das Wissen um die Gegensätzlichkeit, um den antinomischen Charakter dieser Aufgaben* und
3. *Selbsterhaltung.*

Heilpädagogen müssen gewärtig sein – gewärtig der enttäuschenden Reaktionen bei ihren kleinen Patienten. Wiederholen wir: diese Kinder sind schwierig. Sie zu ertragen ist leichter gesagt als getan. Und gewärtig sein müssen sie der eigenen Regungen, die – ohne Selbstkontrolle – gute Absichten unversehens zunichte machen können. Was ist, wenn man nicht ankommt beim Kind mit seinem Für-das-Kind-da-sein-Wollen? Gleich oder lange nicht oder gar nicht? Ungeläuterte »Liebe« reagiert darauf leicht persönlich, beleidigt, zieht sich enttäuscht zurück. Kann ich es ertragen, wenn lange keine Gegenliebe kommt? Bin ich frei von »Bindungszumutung«? Bin ich in der Lage, als Anwalt dieser Kinder zu ihnen zu stehen, auch gegen die Erwartungshaltung der Umgebung?

Nicht leicht erkärbare innere Vorgänge erschweren die Situation: Jeder, der diesen Kindern helfen will, muß wenigstens eine Ahnung haben von den unbewußt sich abspielenden Vorgängen der Übertragung, der Identifikation und ihren möglichen positiven und negativen Verläufen. »Übertragung« besteht im Kern in der Frage: Wie, als wen, als was sieht mich das Kind? Übertragen werden vor allem frühkindliche Erfahrungen. Bei Heimkindern sind diese oft total negativ: Da war keine Beziehung, oder eine Beziehung wurde radikal zerstört. Das Kind ist also noch gar nicht beziehungsfähig, es muß seine Nicht-Erfahrung und seine schlechte Erfahrung erst an einem Ersatzobjekt korrigieren. Es liegt nahe, daß dies auf meine Kosten geht. Wie halte ich dem stand? Wie weit kann, darf ich die innere Sicht des Kindes dann korrigieren? Übertragung kann unser bestes therapeutisches Werkzeug sein *(R. Spitz)*, aber »Übertragung läßt sich nicht machen, sie geschieht« *(Schwidder)*.

Übertragung hat verschiedene Verläufe, hat tausend Gesichter. Sie ist nahe verwandt mit den Vorgängen der Identifikation, d. h. mit dem Verlangen des Kindes, sich mit jemand identifizieren zu können (so zu sein wie er) und auf diesem Weg die eigene Identität (eine positive Antwort auf die Frage: Wer bin ich?) zu finden. Der junge Mensch muß er selber werden. Je mehr auch diese Kinder lernen, wirklich sie selber zu sein, desto besser werden sie ihr Leben selbständig, in eigener Kompetenz und Freiheit zu gestalten imstande sein. »Identifikations-Figuren« müssen ihnen dabei helfen, anders geht es gar nicht. Fehlt es ganz an positiven »Figuren«, dann kann es sein, daß negative zur Wirkung kommen. Wir sahen im Kapitel »musisch-künstlerische Mittel«, daß sogar einmal eine Puppenfigur als eine Art Hilfs-Ego nützlich sein kann. Hier einige bei Heimkindern häufige Beispiele* von Übertragung – mit ihrer Problematik:

Die Erzieherin identifiziert sich mit einem Kind, bevor sich das Kind mit ihr identifizieren konnte; es kann nicht, weil ihm dies ein schlechtes Gewissen der leiblichen Mutter einbrächte, die es lieben möchte, die es aber ins Heim steckte. Viele dieser Kinder sind längere Zeit in dem Stadium, wo sie ablehnen bis hassen, obgleich sie lieben möchten. Erst wenn man davon weiß, ist man dagegen gefeit, mit der eigenen Werbung zu rasch vorzugehen und die Reaktion des Kindes persönlich zu nehmen.

Ein häufiger Standardfall von negativer Übertragung: Ein Junge im Heim ist im Pubertätsalter, wo er über sein Leben zu reflektieren beginnt. Es wird ihm bewußt, daß er eigentlich auch einen Vater haben müßte. Dieser ist unbekannt, für ihn unauffindbar. Die Mutter sagt ihm nichts darüber. Immer wieder weicht sie auf seine Fragen aus. Der Junge haßt seinen unbekannten Vater. Er möchte ihn gern hassen, aber er ist gar nicht da. Stellvertretend für ihn wird – der Heimleiter gehaßt, der einzig greifbare männliche Erwachsene. Dies für längere Zeit.

---

* Siehe zu diesem Punkt: *Heinrich Racker,* Übertragung und Gegenübertragung. Studien psychoanalytischer Technik. E. Reinhardt Verlag, München. – *Hans Peter,* Vom Umgang des Erziehers mit der Übertragung des Kindes. Unsere Jugend, Heft 6/69.

Bei der sogenannten »Gegenübertragung« heißt dann die Frage an uns selbst: Was bedeutet für mich das Kind? Ein häufiges Beispiel positiver Gegenübertragung, das aber nicht ohne Gefahr verläuft, ist dieses: Eine Erzieherin sieht in einem Heimkind ganz das eigene Kind, das sie sich selbst immer sehnlichst gewünscht hatte. Die Vorgänge der Gegenübertragung sind oft besonders schwierig, weil der Erwachsene die eigenen schwachen Stellen sich nicht gerne eingesteht.

Prof. *Müller-Küppers* berichtete einmal in einem Vortrag von der Möglichkeit negativer Gegenübertragung: »Ich will gerne gestehen, daß blanker Hohn, Ironie, Hochmut bei mir Gegenübertragungsgefühle auslösen.« (Praxis der Kinderpsychologie, Heft 7/73).

Es geht also um die Bereitschaft des Helfers, auch auf sich selbst aufzupassen. Dazu gehört auch: die Bereitschaft der Selbstkorrektur, wenn sie ihm als notwendig erklärt wird – und außerdem die Bereitschaft zu einer eifersuchtslosen Zusammenarbeit mit den Miterziehern.

Gegensätze aushalten

Es ist gut und tut not, diese Menschen auf ein Charakteristikum pädagogischen Tuns aufmerksam zu machen, das in der Heilpädagogik verdichtet in Erscheinung tritt: die immerwährende Gegensätzlichkeit der Aufgaben, vor denen man hier steht. Ich will versuchen, wenigstens einige Gegensätze zu nennen, die gerade im Umgang mit diesen Kindern ständig auftreten. Wenn man sich dieser Gegensätze schon von Haus aus bewußt ist, besteht mehr Aussicht, daß die Praxis nicht einseitig wird, sondern im Sinne einer gesunden Spannung lebendig, kind- und sachgerecht bleibt.

Nähe und Distanz. Einerseits kann der Erwachsene dem Kind, das sich ihm nun anvertraut und das er sich vertraut gemacht hat, gar nicht nahe genug sein und bleiben. Aber auf der anderen Seite darf er die Bindung des Kindes an ihn und seine Bindung an das Kind auch wieder nicht zu ausschließlich werden lassen. Was ihn selbst betrifft: Wenn er seine eigenen Gefühlsbedürfnisse beinahe ausschließlich in seiner Arbeit befriedigt, befriedigen will, macht er leicht Fehler. Beim größeren Kind schwindet ja die Unterlegenheit, die Abhängigkeit, das Angewiesensein dieses »Zöglings«. Seine Macht schwindet. Der junge Mensch läuft ihm davon – und gerade das muß ihm schließlich recht sein.

Das Kind und die Gruppe. Es geht letztlich immer wieder um dieses einzelne Kind und jetzt, zu bestimmten Zeiten »um kein anderes« – mit Recht. Aber die anderen sind auch da, in der Heimgruppe, in der Geschwisterreihe. Die Gruppe ist da und die Aufgabe der Gestaltung der Gruppe. Sie soll kein »Haufen« sein, sondern eben eine Gemeinschaft mit der Atmosphäre des Miteinander. Die Rücksicht auf den einzelnen und die Belange der Gemeinschaft – das ist eine erziehungsimmanente Dauerspannung. Daß sie positiv gesehen und auch durchgehalten wird, daß die Kräfte der Gruppe immer wieder gerade für den einzelnen mobilisiert werden (siehe Regel 3), dies auch im Interesse der Qualität der Gemeinschaft – das ist die Aufgabe des Erziehers.

Schonen und Fordern. Es ist gut, wenn der Erzieher bei diesen Kindern zunächst und lange noch die »Schonung der Schwäche« als seine Maxime betrachtet. Aber auch er kann dem Realitätsprinzip schließlich nicht ganz und auf die Dauer ausweichen. Er muß selbst auch einmal – fordern, und er muß schließlich zulassen, daß das Kind mit den Realitäten konfrontiert wird. Der Übergang tut oft weh. Wie schafft er es, das Schonen gradweise aufzugeben auf der Grundlage der Vertrauensbasis, die rechten Zeitpunkte dafür zu wählen?

Wollen und können. Der härteste Gegensatz, den alle Menschen in diesem Bemühen aushalten müssen: die Spanne zwischen dem, was sie tun und erreichen wollen und mit aller Kraft auch bestrebt sind zu erreichen – und dem, was sie wirklich erreichen und erreichen können. Das ist eine Erfahrung des Alltags in dieser Arbeit (Erzieher: »Jeden Abend habe ich das Gefühl, ich habe viel zu wenig getan«) und schließlich auch eine Erfahrung über Jahre hinweg. Die Dauerbelastung ist da – Erfolge sind selten. Was man verhindert hat, ist nicht so leicht als Erfolg sichtbar zu machen. Wenn Erfolge da sind, bleiben sie leise und selbstverständlich. Die Mißerfolge sind laut, deutlich sichtbar. Es ist nicht leicht, dieser Erfahrung standzuhalten, ohne sich ganz enttäuschen zu lassen, ohne mutlos, unfroh zu werden. Wer erliegt nicht der Gefahr, daß er dann sein Berufsethos nur noch ganz tief in seinem Innern vergräbt – und die Umgebung nichts mehr davon spürt? Daß er die Frische der Impulse, die Leichtigkeit, den Humor verliert? Wie viel ›Philosophie‹ gehört dazu!

Selbsterhaltung

Wie hält man diese Arbeit durch? Selbstkontrolle und das Wissen um die der Aufgabe immanenten Gegensätze – das ist eine Voraussetzung. Es muß hinzukommen: eine Portion Egoismus (»Kinder sind kleine Kannibalen«); sich von der Umgebung nicht nur sagen lassen, was man tun und leisten soll, sondern auch selbst sagen, was man tun und leisten kann. Auch in diesem Bereich gibt es eine »Lademarke«. Wie belastbar ist der Mensch, die Situation noch? Was hat noch Platz? Das betrifft auch die hier angesprochenen Kinder selbst. Alles zwischenmenschliche Geschehen ist »komplementär« zu sehen.

Komplementär – das ist das Naturgesetz der zwei Teile, die zusammengehören, wie die zwei Hälften einer Kugel ein Ganzes geben. Es widerspricht dem Naturgesetz, wenn ein Partner ganz und auf Dauer auf das Anmelden seiner Ansprüche verzichtet. Es gibt nicht nur und ausschließlich die Ansprüche des Kindes. Der Erzieher ist auch ein Mensch mit eigenem

Anspruch und begrenzter Belastbarkeit. Dieser Gesichtspunkt macht das Heilpädagogische – wie man vielleicht entgegenhalten könnte – nicht wieder zunichte; im Gegenteil: wenn er nicht zu früh und plötzlich und radikal und wenn er in der rechten Weise eingebracht wird, so enthält er auch in sich ein therapeutisches Element, den Impuls nämlich, etwas zu tun, sich nach Möglichkeit so zu verhalten, daß es eben dem anderen Menschen, dem Erzieher, auch ›gut geht‹.

Sodann betrifft dieser Gesichtspunkt natürlich die Arbeitsbedingungen des Helfers. Ich denke da vor allem an Mitarbeiter in den Heimen, die dort länger tätig sind und eine Einrichtung im Grunde tragen. Die äußeren Bedingungen haben sich da in den letzten Jahren wesentlich gebessert – dies vor allem, was die Zahl der Kinder in einer Gruppe und die Anhäufung von Kindern mit gleicher und schwerer Symptomatik betrifft. Die Erzieher selbst müssen sich dagegen wehren, wenn das hier Erreichte wieder einmal zurückgenommen werden soll: die kleine, überschaubare, gemischt zusammengesetzte Lebenseinheit in abgeschlossener Wohnweise – aber auch die Mitbestimmung in der Frage, ob man ein weiteres Kind übernehmen kann. Die Eigenkompetenz der Erzieher selbst in dieser Frage wird noch nicht von allen Trägern der Heime und Heimleitungen anerkannt.

Im folgenden Nach-Kapitel zu den 7 Regeln werde ich noch etwas näher auf die Arbeitsbedingungen eingehen, vor allem auch auf die inneren, die nur teilweise organisierbar sind. Eines sei hier noch betont: Diese Menschen schaffen ihre Aufgabe auf die Dauer nicht allein. Sie sollen selbständig arbeiten und selbständig arbeiten dürfen – aber doch nicht alleingelassen werden. Sie brauchen jemand, zu dem sie kommen, dem sie ›abladen‹ können, der möglichst fachkundig zuhört, rät und weiterhilft. Vielleicht ist es der Heimleiter – oder die Nachbarin, die ehrliche Kollegin; für die Pflegemutter vielleicht der Sachbearbeiter im Jugendamt oder der Mitarbeiter in der Erziehungsberatung.

Eine große Bedeutung hat in diesem Zusammenhang die tragende Gemeinschaft eines Hauses (sei es groß oder klein; je größer die Einrichtung, desto größer ist die Gefahr, daß die Luft kälter, anonymer wird). Es gehört zu meinen stärksten positiven Erinnerungen aus langer Heimleitertätigkeit, wie stark und sicher in einem Heim mit vielen besonders hilfebedürftigen Kindern und jungen Menschen die Hausgemeinschaft, die Gemeinschaft der Mitarbeiter dem einzelnen Mitarbeiter helfen kann, nicht nur überhaupt durchzuhalten und weiterzumachen, sondern sich wirklich zu freuen, gerne dies zu tun und einmal aufkommende Mutlosigkeit immer wieder zu überwinden. Neben dem gutnachbarlichen Miteinander muß die Hausgemeinschaft auch einschließen das regelmäßige Zusammenkommen in der Hauskonferenz, wo Kritik und Auseinandersetzung nicht nur erlaubt, sondern geboten ist; denn wo sie fehlt, breitet sich Unbehagen aus. Die Hausgemeinschaft scheint mir für den einzelnen noch wichtiger (weil näher, natürlicher, ungezwungener) zu sein als alle Formen einer institutionalisierten Supervision. Diese kann auch gut sein, aber sie steht schon der Fachkraft nur selten, dem Laienheilpädagogen wohl noch seltener zur Verfügung.

Das Gesagte möge dazu genügen. Zu diesem Thema gibt es auch viel Literatur. Ich empfehle z. B. das Sonderheft »Psychohygiene des Erziehers« der Zeitschrift Unsere Jugend, Heft 5/65. Dort kommt immer wieder auch zum Ausdruck, daß in dieser Arbeit folgendes passieren kann: Die Kinder, die jungen Menschen bekommen wesentliche Hilfe – und die Helfer selbst gehen dabei kaputt. Das muß nicht sein. Das Wichtigste dagegen muß der Helfer selbst tun. Betroffene selbst – danach gefragt, wie sie das machen, daß sie nicht in Routine geraten und doch überleben – würden jetzt wahrscheinlich noch viele ganz persönliche Antworten geben (oder verschweigen), und das muß wohl so sein.

V. Vom Zusammenwirken der Helfer

Die Beschreibung von heilpädagogischen Grundregeln sei damit beendet. Es sind sieben Gesichtspunkte – ausgehend von einem Grundgedanken, vom »Wahrnehmen« als dem »Thema mit Variationen« etwa wie in der Musik – in symmetrischen Kreisen in das System einer sogenannten kleinen Heilpädagogik gebracht. Jeder Erzieher, Lehrer, auch ›Laien‹, z. B. in der Rolle von Pflegeeltern, Adoptiveltern, Lehrmeistern, freiwilligen Erziehungshelfern können sie beachten und anwenden. Wenn in besonders schwierigen, verhärteten Fällen eine spezielle Fachdiagnose und -therapie angezeigt ist, so will sie diese nicht ersetzen, im Gegenteil: diese mit dem heilpädagogischen Alltag fundieren; denn außer der »Therapiestunde« gibt es immer noch die anderen 23 Stunden des Tages – sowohl für das Kind als auch für den Erzieher, der mit dem Kind lebt.
Den sieben Regeln sei noch eine Bemerkung angefügt über die Zusammenarbeit, das Zusammenwirken von Menschen, Stellen, Einrichtungen, die diesen Kindern helfen wollen und helfen können. Gemeint ist dabei:

– erstens die Bemühung um das Zunehmen einer verstehenden Sichtweise gegenüber verhaltensauffälligen Kindern – mit dem Ziel, das Abschieben dieser Kinder zu verhindern;

– sodann die Bemühung, dringend anderweitig unterzubringende Kinder nicht durch abrupte Fremdplazierung zu verletzen und sie dadurch in ihrer Entwicklung noch mehr zu gefährden, sondern alle Möglichkeit familiärer Hilfe, der Pflegestelle, der Adoption zu nutzen;

– und schließlich drittens die Bemühung, auch die Heimerziehung – statt sie als ›das Letzte‹ zu verteufeln – als mögliche

Hilfe gelten zu lassen und gut sein zu lassen, weil wir sie auch dringend brauchen.

Nicht wegschicken

Die andere, die verstehende Sichtweise, d. h.: das verhaltensauffällige Kind – es ist unverträglich, aggressiv, in der Schule ein Versager, es ist davongelaufen – *macht* Schwierigkeiten, weil es Schwierigkeiten *hat*. Es braucht Hilfe statt Strafe. Es nicht gleich abschieben zu den »dafür zuständigen« Spezialisten, in ein Internat, sondern überlegen, was man selbst tun muß, um besser mit ihm auszukommen; also nicht wegschikken, im Gegenteil: Es braucht mehr Nähe. Diese allereinfachste Grundhaltung schwierigen Kindern gegenüber geht jeden an. Zunächst alle Eltern selbst, soweit sie noch für die andere Sichtweise zu gewinnen sind; die Lehrer, die Kindergärtnerin, die Betreuer in der Jugendgruppe, in den Treffpunkten der Jugendlichen; aber auch alle Nachbarn, Spaziergänger, Verkehrsteilnehmer; vor allem auch die anderen Kinder auf dem Spielplatz, die Mitschüler und ihre Eltern (aktuelles Beispiel: die Ausländerkinder!); und nicht zuletzt die Medien, die Millionen täglicher Wortfunkhörer und Fernsehzuschauer.
Auf dem Hintergrund einer allgemein kindfreundlichen Sichtweise (das Jahr des Kindes 1980 war sicher nicht ganz umsonst) haben es dann die Institutionen, welche für die in Not geratenen Kinder zuständig sind, leichter, in der rechten Weise tätig zu werden: das Jugendamt und die Jugendhilfestellen der freien Verbände mit ihren Abteilungen – vor allem die Erziehungsberatung.

Eine andere Familie nimmt ein Kind auf

Es lassen sich aber nicht alle Probleme weg-beraten. Oft kann einem Kind nur durch Herausnahme aus seinem bisherigen Milieu geholfen werden. Man gibt es dann heute nicht mehr so selbstverständlich wie früher in ein Heim – dies ganz mit Recht, wenn eine Adoptiv- oder Pflegefamilie zur Verfügung steht. Beide Formen von Familienpflege sind in den letzten Jahren gut vorangekommen. Die Freigabe eines von der eigenen Mutter vernachläßigten Säuglings zur Adoption ist leichter geworden. Hier gibt es freilich noch eine Barriere in der Volksmeinung. Viele junge Mütter scheuen auch heute noch die Freigabe ihres Kindes, auch wenn sie eindeutig angebracht ist. Es gilt immer noch als Schande. In klaren Fällen muß man diesen Müttern ein gutes Gewissen machen: Das Freigeben eines Kindes muß mehr als bisher als eine verantwortliche Leistung anerkannt werden.

Gut vorangekommen ist vor allem das Pflegestellenwesen, es hat nicht mehr den besonderen Geruch von Mitleid und Armut. Mehr Pflegestellen werden geworben, beraten und auch besser bezahlt. Aber die Grenzen dieser naheliegenden Form von Hilfe zeigen sich auch deutlich: Relativ viele Kinder werden aus Familienpflege wieder zurückgereicht – was dann? Das Prinzip »Alternativen um jeden Preis«, »Heimerziehung unbedingt vermeiden« geht nicht auf. Die Familienpflege mit ihren besonderen Vorzügen für das Kind (wenn sie wirklich glückt) hat auch besondere Schwächen: Man neigt doch leicht dazu, das Kind nicht zu behalten, wenn es größer wird. Die Zuwendung, die Treue zum Kind wird oft vom Wohlverhalten des Kindes und von seiner Gegenliebe abhängig gemacht – wozu aber gerade diese Kinder oft nicht oder noch nicht rechtzeitig in der Lage sind. Und von der Herkunftsfamilie des Kindes wollen die Pflegeeltern oft nichts wissen – dabei ist die Zusammenarbeit, die Harmonie mit den Angehörigen des Kindes aber besonders wichtig (siehe unsere Regel 4). Gerade in diesen Punkten (zur Ruhe kommen können, verläßliche und bedingungslose Zuwendung erfahren, keine »Bindungszumutung«) kann Heimerziehung besser sein.

Zu wünschen und zu hoffen ist trotzdem, daß noch viel mehr Bewerber um ein Pflegekind gewonnen werden können, auch ein größeres Kind zu nehmen. Ich denke da nicht an eine beschönigende Darstellung der Aufgabe. Aber ich vermute, daß noch mehr Bewerber, die ein fremdes Kind annehmen wollen, (weil sie selbst keines bekommen oder zu den eigenen noch gern ein fremdes ganz uneigennützig dazunehmen wollen) und die dabei zunächst an einen problemlosen Säugling denken, dafür zu motivieren sind, auch ein größeres und schon schwierig gewordenes Kind z. B. aus einem Heim aufzunehmen.

Gute Heimerziehung ist möglich

Die Hilfe für Kinder in existenzieller Not hat viele Formen – und muß viele Formen haben dürfen. Die Heimerziehung gehört dazu, weil zuverläßige Familienpflege nie ganz perfekt und rechtzeitig zur Verfügung stehen wird. Es gibt heute viele Heime, die man ohne Zögern als gut bezeichnen kann. Die »Anstalt« von früher – mit der Massenbetreuung, mit Verlassenheit dieser Kinder – gibt es bei uns nicht mehr, auch wenn dieses »Feindbild« von manchen noch gern beschworen wird. Die kleine überschaubare Gruppe in abgeschlossener Wohnweise – das ist nichts anderes als das recht verstandene »Familienprinzip« – hat sich als Strukturform in vielen Variationen durchgesetzt und bewährt. Diese dezentralisierte Organisationsform – »Zu Hause bin ich in der Gruppe« – ist aber nur eine Voraussetzung, noch keine Garantie dafür, daß es einem Kind nun im Heim wirklich besser geht. Ob das Kind die Einrichtung, die sich »Heim« nennt, auch wirklich als Heim empfindet, das hängt letztlich ganz allein von den Menschen dort ab. In diesem Punkt ist freilich die enorme Errungenschaft der kleinen Gruppe heute neu in Gefahr, für die Kinder wieder unwirksam zu werden:

– Erstens dort, wo man um eines wissenschaftlichen Ehrgeizes Willen das »Therapieren« dieser Kinder bis zum Therapismus übertreibt, ein Heimkind also nur noch täglich seine Termine bei den Spezialisten wahrzunehmen hat, statt vor allem das zu erfahren, was es braucht: endlich von einem Menschen ange-

nommen, nach-geborgen zu werden. Daß diese Gefahr heute gesehen wird, ist auch das besondere Anliegen dieser kleinen Heilpädagogik.
– Zweitens (und das ist noch gefährlicher): durch die strikte Anwendung der Arbeitszeitordnung auch für Heimerzieher – mit der Folge des pädagogischen Schichtdienstes mit vielen, zu vielen Erziehern. Hatte der Anstaltserzieher früher viel zu viele Kinder, so hat heute manches Heimkind schon – zu viele Erzieher. Damit ist dann »Anstalt« (d. h. Verlassenheit) wieder da, eine moderne Variation von Anstalt, freilich für Außenstehende um der modernen Optik Willen leicht zu übersehen. Hier liegt ein Problem vor. Die Grenzen der Belastbarkeit auch eines Erziehers sind nicht zu übersehen. Das Problem darf aber nicht auf dem Rücken der Kinder gelöst werden. Das ›Apriori‹ heißt hier: Die Sehnsucht des Kindes, geborgen zu sein (und im Heim nachgeborgen zu werden), ist kein bloßer Wunsch, kein bloßes Begehren, sondern ein Grundbedürfnis. Es bleibt, auch wenn niemand mehr bereit wäre, es zu befriedigen.
Das Problem ist lösbar: es hat immer schon Menschen gegeben und es wird immer wieder Menschen geben, die mit diesen Kindern leben wollen und die sich auch zeitlich mehr auflasten lassen, um der Aufgabe gerecht zu werden. Es ist lösbar, wenn man die Mehrbelastung durch andere Äquivalente: eine großzügige Mehrarbeitspauschale (ohne das völlig unpädagogische Stundenzählen), durch längere Urlaube, und vor allem frühere Pensionierung. Ich bin sicher, daß auch die Gewerkschaften einmal von dieser Gleichung Abstand nehmen werden: »Arbeitnehmer ist gleich Arbeitnehmer«; daß sie unterscheiden lernen zwischen Fabrik, Büro einerseits – und einem Heim. Und daß sie das gute gewerkschaftliche Wort »Solidarität« gerade in diesem Bereich gerecht sehen lernen, nämlich als Solidarität mit den Kindern zusammen mit ihren Erziehern. Zu hoffen ist auch, daß gerade die vielen Heime mit kirchlicher Trägerschaft – bei uns die Mehrzahl doch – dem Zwang des Schichtdienstes

nicht weiter nachgeben, sondern sich gerade in diesem Punkt auf ihr christliches Proprium besinnen.
Die kleine Kinder- oder Jugendlichengruppe braucht eine ruhige Erzieherbesetzung, d. h. bei etwa 10 Kindern – auch eine Gruppe mit 8 Kindern gilt heute nicht mehr als Luxus – sollen drei Personen genügen. Sie sollen ihre Arbeitszeit selbständig regeln dürfen. Und sie müssen eifersuchtslos zusammenarbeiten.
Die Qualität eines Heimes ist aber auch noch davon abhängig, ob die Zusammenarbeit nach draußen lebendig ist. Eine besondere Gefahr jeder Heimeinweisung ist da zu bedenken: Sie verführt die Beteiligten (das Jugendamt, die Angehörigen) leicht zu weiterer Untätigkeit. Das Kind ist ja »untergebracht«. Auf sich alleingestellt kann aber ein Heim seiner Aufgabe nicht gerecht werden. Hat es Bundesgenossen – am Jugendamt, an den Schulen, in der Nachbarschaft? Hat es Patenschaften, einen Freundeskreis? Auch die Möglichkeit, ein Heimkind doch noch oder wieder in Familienpflege zu geben, muß offen bleiben.

Gutes Zusammenwirken beider Einrichtungen – Heim – Familienpflege) kann dann z. B. einmal so aussehen: Das Heimkind und seine sogenannten »Sonntagseltern« haben sich gut kennengelernt. Die Leute wollen das Kind nun doch ganz zu sich nehmen. Sie geben Hoffnung, daß die Familienpflege gelingt. Aber dem Kind wird gesagt: Du kommst zu uns in das gleiche Heim zurück, wenn es dir nicht gutgehen sollte. Dann ist es auch nicht enttäuscht, wenn man sich getäuscht hat. Dem Kind muß man dann auch wirklich sagen: Nicht du hast versagt, wir haben uns getäuscht.

Betont sei nochmal ein Grundsatz für alle gemeinsame Bemühung: Es geht für das Kind um so viel Kontinuität wie nur immer möglich, Kontinuität in einmal gewonnenen Bezügen. Noch müssen viele »öffentliche Kinder« darunter leiden, daß die Lösung, die man immer wieder neu ohne gründlich genug zu überlegen trifft, wieder »eine von vielen Durchgangssituationen für das Kind« bedeutet; daß sie oft versetzt werden, was kein Lebewesen ohne großen Schaden aushält.

Da stellt sich schließlich die organisatorische Frage: Wer paßt da auf? Der Vormund, das Amt, das Heim? Wer es ist, das ist schließlich nicht wichtig. Wichtig ist nur, daß jemand aufpaßt, der die ganze, einmalige, unwiederholbare Kindheit eines Kindes im Auge hat.

VI. Ansätze zum Vorbeugen
oder:
Bemerkungen über unsere Erziehungssituation

Praktiker in dem Bemühen, schwierig gewordenen Kindern wieder weiterzuhelfen, (Erziehungsberater, Kindertherapeuten, Heimerzieher) kommen sich oft vor wie Sanitäter, die am Rande einer Art von Kriegsgeschehen stehen – und die »Verwundeten« pflegen, ohne auf das Verwundetwerden, das Krankwerden der Kinder selbst einen Einfluß ausüben zu können. Sie möchten oft zurückrufen: »Macht nicht so weiter – in der Meinung: ›Wenn etwas schief gelaufen ist, dann gibt es ja Stellen, Spezialisten, die alles wieder heil machen!‹ In Wirklichkeit ist und bleibt da die Not wehrloser Kinder. Wenn ihr wüßtet, was ihr da anstellt! Wie schwer es ist, zu heilen, immer wieder enttäuschten Kindern nochmal Mut zu machen. Vieles ist gar nicht zu heilen, nur noch zu lindern.«
Da aber die Zahl der Kinder groß geworden ist, die negativ auffallen, »krank« geworden sind und die Erwachsenen in ihrer Hast und in ihren Plänen stören, hat man vor einigen Jahren eine neue Bezeichnung für diese Kinder gefunden: Sie sind »verhaltensgestört«. Wer dieses den Vorgang und die Sache selbst auf den Kopf stellende Wort erfunden hat, ist nicht mehr auszumachen. Es lag sozusagen in der Luft. Man brauchte ein praktisches Wort als Alibi; eine Diagnose, die schon rein sprachlich eine eindeutige Schuldzuweisung gegen die enthält, die uns da stören: Es liegt an diesen Kindern selbst! Es fand sich – im Zeitalter der Soziologie – für die Zunahme störender Kinder, dieses ›interessante Zeitphänomen‹, eines von vielen anderen, eine praktische Bezeichnung. Die Kinder sind eingeordnet, registriert, bezeichnet und sie werden fleißig gezählt: Schon

bei Schuleintritt »ist« heute nach Meinung der Experten »ein Viertel aller Kinder verhaltensgestört«. Später steigt der Anteil – das geht »mit Hilfe« der Schule – auf ein Drittel oder noch höher. Nur die Grade seien verschieden, aber jedes zehnte Kind sei heute »so gestört, daß es dringend einer systematischen Therapie (welcher?) bedarf«.

Warum gibt es heute so viele Problemkinder? Waren es früher weniger? Das ist gar nicht so sicher. Wahrscheinlich sind diese Kinder in Wirklichkeit nicht mehr geworden – unvorstellbar, daß es »früher« weniger pädagogische Opfer der Zeit, Opfer drakonischer Erziehungsverhältnisse gegeben hat. Aber wer kümmerte sich um sie! Heutzutage fallen diese Kinder, diese Jugendlichen stärker auf. Es gibt die Medien, die sie bekannt machen, und die Wissenschaft, für die sie interessant sind (leider oft nicht mehr als dies).

Aber die geschichtliche Frage ist zu stellen: Warum gibt es sie heute noch und warum gibt es so viele? Was ist da nicht besser geworden? Und gibt es vielleicht neue, moderne Störfaktoren?

Die Absurdität der Bezeichnung »verhaltensgestört« muß uns deutlich werden, wenn wir einmal dem Vorgang, nämlich dem Stören auf den Grund gehen. Wer stört denn da primär – und wer wird gestört?

Das Unagenehme, das Lästige an Kindern ist es, daß sie Grundbedürfnisse haben. Grundbedürfnisse – das sind mehr als nur Wünsche – nach Zuwendung (und zwar noch stetiger), nach Angenommensein, aber auch nach Freiheit – kurz gesagt nach guter Erziehung. Von dem damit verbundenen Zeitaufwand, von der damit verbundenen Mühsal kann man sich nicht so leicht loskaufen. Werden die Grundbedürfnisse, die das Kind selbst beim besten Willen nicht ablegen kann, weil es mit ihnen auf die Welt kommt, weil sie zu seiner Natur gehören, in hohem Maße nicht erfüllt, mißachtet, so kann dies gar nicht ohne Folgen bleiben: Das Kind reagiert mit negativen Symptomen. Man wird nicht mehr »fertig« mit

ihm, man bekommt es nicht mehr »in den Griff«, es versagt in Haltung und Leistung. Und dann heißt es: es kommt in »Therapie« – so als ob sein Grundbedürfnis nach Zuwendung eine Krankheit wäre!
Wir tun also gut daran, das heute so gängige Wort »verhaltensgestört« richtig zu verstehen: Es ist ein Stempel, den man einem Kind aufdrücken kann, um sich nur ja selbst nicht der Frage stellen zu müssen: Was machen wir Eltern, wir Erzieher, wir Lehrer falsch?
Und noch weiter: Ist denn auffälliges Verhalten, das »Ausschlagen« des Kindes nicht eher ein Zeichen dafür, daß es eher noch gesund ist, daß es noch nicht aufgegeben hat, sondern sich nur dagegen wehrt, wie man mit ihm umgegangen ist – ein Klagen, ein Schreien in seiner Sprache, daß man nun anders mit ihm umgehen soll? Es ist dringend nötig, die Aburteilung von Problemkindern als verhaltensgestört zurückzuweisen. *Das Kind macht Schwierigkeiten* – nicht aus Bosheit, sondern *weil es Schwierigkeiten hat* – und von diesen wäre gerechterweise auszugehen.
Es hat Schwierigkeiten – damit ist nicht gesagt, daß dem Kind alle Schwierigkeiten aus dem Weg geräumt werden sollen. Man darf ihm schon etwas zumuten, abverlangen und es geht ihm trotzdem gut dabei, wenn das Abverlangte seinen Kräften entspricht und wenn es sich angenommen fühlt.
Ein möglicher Irrtum im Erziehungsdenken sieht heute so aus: Nach manchen (in Wirklichkeit gar nicht so zahlreichen) Auswüchsen in der sogenannten »antiautoritären« Praxis hört man heute gern den Ruf: ›Zurück-marsch-marsch‹ zu den alten bewährten Erziehungsregeln! Zu dem so bequemen, aber dürftigen pädagogischen Vokabular von Früher: Du parierst! Eines ist jedenfalls heute als Fortschritt ohne Wenn und Aber festzuhalten: Es muß in der Erziehung grundsätzlich abgesehen werden von Gewaltanwendung, von Machtausübung. Kinder dürfen nicht unterdrückt werden.

Dies aber, was nicht geschehen darf, reicht nicht aus. Die Kinder brauchen etwas. Was sie brauchen, um leben zu können, ist – wachstumsbezogen – dreierlei: geborgen-geschützt werden; gefördert werden; und schließlich ganz bewußt und positiv freigelassen, entlassen zu werden. Die drei Entwicklungsphasen und die dazugehörigen Aufgaben der Begleitung enthalten viele Störungsmöglichkeiten – heute wieder andere als früher. Es seien einige Beispiele, Bilder, Vorgänge genannt – speziell in unserem Zusammenhang mit daraus resultierenden Fehlentwicklungen und Ansatzpunkten zum Vorbeugen, und zwar zu einer »primären Prävention«.

Das Erste ist das Geschütztwerden, denn Kindheit beginnt mit Null, d. h. nackt, in extremer Hilflosigkeit. Das vergessen die Berufspädagogen immer wieder leicht, weil sie den Kindern später begegnen. Im Umgang mit ungeborgenen Heimkindern erfährt man besonders eindringlich, was es bedeutet, wenn dieses erste Geschütztwerden fehlte oder mangelhaft war. Wer auch immer die Fadenspule der Biographie bei diesen Kindern zurückspult (in der Erziehungsberatung, im Heim), der stößt oft, ja fast immer auf diesen Beginn einer gestörten Entwicklung. Die Säuglings- und Kleinkindheime haben wir zwar überwunden – aber es gibt auch einen Kleinkind-Hospitalismus in Familien, und zwar nicht nur in der sogenannten Unterschicht.

Viele kleine Kinder werden heute zu früh auf Kinderparkplätze abgeschoben, wobei nicht gefragt wird, ob sie das auch wirklich verkraften. Für mich ist es ein sozialpädagogisches Ärgernis unserer Zeit, daß man die Erkenntnisse eines *R. Spitz* und *A. Portmann* u. a. von der Angewiesenheit des Säuglings auf verläßige Zuwendung seiner Mutter (oder einer Ersatzmutter) wieder wissenschaftlich in Frage stellt. Der Grund: Weil eben das Schutzbedürfnis des kleinen Kindes zu lästig, so besonders zeitraubend ist, ein Angehängtsein für die Frau bedeutet – darf es nicht wahr sein. Da gibt es eben immer wieder eine Art von Wissenschaft, die bereit ist, Gewünschtes zu beweisen und die dafür nötigen »neuen Forschungsergebnisse« zu liefern.

Ich nenne ein Beispiel von wissenschaftlicher Forschung in diesem Bereich.* Zwei Gruppen von Hamburger Schulanfängern wurden untersucht: je 50 Kinder ganztägig berufstätiger Mütter in den ersten Lebensjahren – und nicht berufstätiger Mütter. Als erfreuliches Ergebnis wurde registriert: die Kinder unterschieden sich so viel wie gar nicht von einander in ihren Reaktionen, in ihrem Leistungsvermögen. Bei den Kindern ganztägig berufstätiger Mütter wurden lediglich – »signifikant häufig« – Einschlafstörungen festgestellt. – Nur Einschlafstörungen, was ist das schon! Das ist recht typisch für diese Art von Scheinwissenschaft, die einer erwachsen-konformen Welt zu Diensten ist. Da braucht man aber keine Wissenschaft, um zu ahnen, welche Not, wie viel in den ersten Lebensjahren nicht gestillter Hunger nach Zuwendung sich da signalisiert!

Die Berufstätigkeit von Müttern (auch noch sehr kleiner Kinder) ist als Problem natürlich differenziert zu sehen. Viele Mütter müssen heute dazuverdienen und manche finden einen Weg, der dem Kind doch Geborgenheit sichert; aber viele organisieren den Ersatz ohne Rücksicht auf das Kind »unter allen Umständen«, einen Ersatz, der dann in Wirklichkeit nicht genügt.

Wir haben bei ›gestörten‹ Heimkindern in der Anamnese relativ häufig diesen Standardvorgang festgestellt: Das Kind, vorehelich geboren oder in der jungen Ehe noch unbequem, war in den ersten Jahren bei der Großmutter oder auch anderswo untergebracht, kam dann gegen Schulbeginn zur Mutter – ohne daß da jemand diesen gefährlichen Übergang sorgfältig vorbereitet hätte. Die etwas »verwöhnende« Großelternpädagogik wurde dann hart abgelöst durch den Standpunkt der jungen Eltern, die zum Kind auch noch keine sensible Beziehung hatten: »Jetzt ist es aber höchste Zeit, daß du ›spuren‹ lernst.« Eine dramatische Weiterentwicklung, oft auch mit Mißhandlung, war dann schon vorprogrammiert.

---

* Aus *Ernst Cloer*, Familienerziehung, Verlag Klinkhardt 1979

Nun ist freilich alle Zuwendung, auch alles Bergen in seiner möglichen Ambivalenz zu sehen: Es gibt auch da nicht nur das Zuwenig, sondern auch das Zuviel – das in Wirklichkeit auch ein Zuwenig ist: ein das größer werdende Kind in Abhängigkeit haltendes Über-Bergen, Über-Beschützen, statt das Kind stark und selbständig werden zu lassen.

Das Zweite, was dem Kind zusteht: Wir müssen es fördern. Gerade hier ist heute nicht mehr so sehr das Zuwenig die Gefahr, sondern ein Zuviel. Das Kind muß all das Viele mitmachen, was an Programmen heute angeboten wird – getrieben von einer Überbietungssucht der Eltern, die der Psychologe *Wolfgang Metzger* als die Krankheit unserer Zeit bezeichnet hat. Da schrieb mit Recht eine (noch selbständig denkende) Mutter unserer Zeit: »Heute darf doch kein Kind mehr in Frieden unkreativ sein. Ich wehre mich dagegen.« Was Kinder in einer Welt der Fülle von Reizen auch ganz dringend brauchen: Ruhe, in Ruhe gelassen werden.

Das betrifft auch die Schule (siehe dazu nochmal unsere Regel 4). Sie ist zu einer Gefahrenquelle von besonderem Gewicht für unsere Kinder geworden. Ehrgeizige und schulfromme Eltern verlangen von den Kindern – in unheiliger Allianz mit der Schule – mehr als diese zu leisten vermögen. Das Kind muß sich dann ausweglos eingekeilt fühlen. Die Schülerselbstmorde zeigen da einiges an: Wie viel krankmachende Not, wie viel Fast-Selbstmorde gibt es da!

Das Dritte ist brennend aktuell: das Fluchtverhalten vieler Jugendlicher heute, von Jungen und Mädchen. Dahinter steht so etwas wie eine pädagogische Zeitkrankheit: Was heute im ganzen pädagogischen Bereich nicht oder nicht mehr oder noch nicht gekonnt wird: der richtige Umgang mit den Jugendlichen – ein guter, im guten Sinn moderner; nicht mehr autoritär und doch nicht ohne Pädagogik. Was da heute in Heimen (und anderen Auffangstellen) konzentriert als Aufgabe anfällt und dort oft nur schwer gemeistert wird, nämlich Jugendliche wieder positiv zu aktivieren, wieder froh und lebensmutig zu machen – das müßte noch oder wieder gelernt werden: junge Leute bewußt loslassen, im Vertrauen auf ihre Kräfte freilassen, aber ohne sie zu vertreiben.

Vor einiger Zeit wurde einmal eine größere Zahl jugendlicher Ausreißer befragt. Ihr Alter: Schon 12- bis 14jährige sind dabei, Altersschwerpunkt ist 16/17. Viele kommen bald wieder heim, einige von ihnen reifer geworden, andere weiterhin unsicher, ängstlich. Einige wenige bleiben weg und sie sind sehr gefährdet – auch wenn einmal die totale Verweigerung als Durchgangsstation eine positive Funktion haben kann. Warum sind sie weggegangen, weggelaufen? Was haben sie nicht mehr ausgehalten? Unter den Antworten waren diese an erster Stelle: grobes Herumkommandiertwerden – und vor allem das Schweigen. Man hat nicht mehr mit ihnen geredet, wie sie sagen – und zwar richtig, nicht zu ihnen von oben herab, immer noch als »Erlauber und Verbieter«, sondern mit ihnen, über ihr Leben oder überhaupt über das Leben.

Erst dann, wenn wir uns den wesentlichen Fragen unseres Daseins im Gespräch mit jungen Menschen stellen, wird Zuwendung in einem tieferen Sinne verwirklicht als wechselseitiges Geschehen, als Geben und Nehmen, als Freundschaft zwischen Alt und Jung – in gewissem Sinn auch als Hilfe für die doch gar nicht so leichte eigene Antwort auf die letzten Fragen im Älterwerden. Da bekommt dann alles Pädagogische, auch und ganz besonders alles Heilpädagogische, nochmal (so zwingend stark wie beim ganz kleinen Kind) eine religiöse Qualität: Was ist denn mit uns Menschenkindern? Wir kommen von drüben und gehen nach drüben. Wir müssen gemeinsam nicht nur das Leben, sondern auch das Überleben lernen.

Ich wiederhole die drei Schritte des Mitgehens: Bergen, Fördern, Entlassen. Zu ihrem Wesen gehört dies: Sie sind nicht ganz von einander zu trennen, bleiben in sich miteinander verbunden. Das heißt: Im Bergen muß schon enthalten sein das

Fördern – und auch schon das Entlassen, das Freilassen. Im Fördern – noch das Bergen, und auch schon das Freilassen. Und schließlich im Entlassen noch das Fördern (z. B.: der unermüdlich wiederholt gegebene Rat: Höre nicht auf zu lernen) – und im Entlassen auch noch – das Bergen: Ich stehe zu dir, ich bin für dich da, wenn du mich brauchst. Das Flüggewerden, das Freiwerdenkönnen setzt das Nest voraus. Es gibt viele zu früh »befreite« Kinder und Jugendliche.

Jedes Kind möchte von sich aus gern gut sein, das ist ganz sicher – aber es muß sich angenommen fühlen und frei atmen können. Sonst wird ihm der Weg zum Gutsein »verrammelt« (Pestalozzi).

Ein einfaches Wort für eine bessere (im guten Sinn moderne) Erziehung stammt von *Janusz Korczak* (dem »Pestalozzi aus Warschau«, der 1942 mit seinen jüdischen Heimkindern in die Gaskammern ging). Es heißt: »Das Kind wird nicht erst ein Mensch, es ist schon einer. Es ist nur schwächer als wir ...« Und er sagt weiter: »Ich habe diese Grundrechte für Kinder herausgefunden: das Recht des Kindes, so zu sein, wie es ist – und das Recht des Kindes auf seinen heutigen Tag.«

Literatur

Aichhorn, August: Verwahrloste Jugend. Verlag Huber, Stuttgart
Balls, Josefine: Kinder ohne Liebe. Reinhardt, München
Beck, Helen: Ein Kind ist kein Computer. Reinhardt, München
Biermann, Gerd: Handbuch der Kinderpsychotherapie (vier Bände). Reinhardt, München
Buber, Martin: Reden über Erziehung, Schneider, Heidelberg
Burmeister, Eva: Geborgenheit für das Heimkind. Leber, Berlin
Dreikurs, Rudolf: Kinder fordern uns heraus. Klett, Stuttgart
Ell, Ernst: Trennung, Scheidung – und die Kinder? Kreuz, Stuttgart
Gerber, Uwe: Holt die Kinder aus den Heimen. Marhold, Berlin
Guyer, Walter: Pestalozzi aktueller denn je. Füssli, Zürich
Hanselmann, Heinrich: Einführung in die Heilpädagogik. Rotapfel, Zürich
Hundertmarck, Gisela: Soziale Erziehung im Kindergarten. Klett, Stuttgart
Klußmann, Rudolf: Das Kind im Rechtsstreit der Erwachsenen. Reinhardt, München
Konopka, Gisela: Heime – Lückenbüßer oder Lebenschance. Hans Schwalbach, Wiesbaden
Korczak, Janusz: Wie man ein Kind lieben soll. Vandenhoeck, Göttingen
Lange, Ulrich: Das alleinstehende Kind und seine Versorgung. Karger, Basel
Mehringer, Andreas: Heimkinder. Reinhardt, München
Mehringer, Rainer: Zum Frieden erziehen. Katzmann, Tübingen
Moor, Paul: Umwelt, Mitwelt, Heimat. Morgarten, Zürich
Müller-Eckhard, Hans: Das unverstandene Kind. Klett, Stuttgart
Richter, Hans Eberhard: Eltern, Kind, Neurose. Klett, Stuttgart
Racker, Heinrich: Übertragung und Gegenübertragung. Reinhardt, München
Pestalozzi, Heinrich: Werke in fünf Bänden, Rotapfel, Zürich
Pestalozzis Brief an einen Freund über seinen Aufenthalt in Stanz (Einzeldruck im Verlag Berner Schulwarte)
Redl, Fritz/Winemann, David: Kinder, die hassen. Piper, München
Schmidbauer, Wolfgang: Die hilflosen Helfer. Rowohlt, Reinbek
Schwarzmann, Julia: Die Verwahrlosung der weiblichen Jugendlichen. Reinhardt, München
Schink, Hans-Dieter: Kleine Schule für Adoptiv- und Pflegeeltern. Reinhardt, München
Spitz, Renè: Die Entstehung der ersten Objektbeziehungen. Klett, Stuttgart
Spitz, Renè: Vom Säugling zum Kleinkind. Klett, Stuttgart
Trost, Friedrich: Handbuch der Heimerziehung, 12 Lieferungen. Diesterweg, Frankfurt
Trüper, Irmela und Helmut: Ursprünge der Heilpädagogik in Deutschland. Klett, Stuttgart
Zulliger, Hans: Helfen statt strafen bei jugendlichen Dieben. Klett, Stuttgart

Arbeitsgemeinschaft für Jugendhilfe, Hannover-Kirchrode: Neue Schriftenreihe mit vielen Titeln zur Heimerziehung
Internationale Gesellschaft für Heimerziehung, Frankfurt (H. Hoffmannstr. 3): Das Kind zwischen Heim, Elternhaus und Verwaltung (Tagungsbericht) und viele andere Titel zur Heimerziehung.

NOTIZEN

NOTIZEN

NOTIZEN

NOTIZEN

NOTIZEN

NOTIZEN

Andreas Mehringer

Heimkinder

Gesammelte Aufsätze zur Geschichte und zur Gegenwart der Heimerziehung

4. Auflage 1994. 223 Seiten. kt (3-497-01313-7)

Es geht um die Humanisierung der Heimerziehung, um ihre Geschichte, um die Situation der Heimkinder und auch ihrer Betreuer. Der Autor, der langjähriger Leiter des Waisenhauses in München war, legt in diesem Band seine Erfahrungen, Erkenntnisse aber auch seine kritischen Forderungen zu dem oft stiefmütterlich behandelten Thema „Heimkinder" dar. Mehringer weist dabei mit viel Verständnis auf die seelischen Verletzungen und die Schutzbedürftigkeit der Heimkinder hin. Das Buch ist ein hilfreicher, praxisnaher Leitfaden für alle, die mit Heimkindern zu tun haben.

Aus dem Inhalt

Geschichte: Frühe eigene Anstaltserfahrungen. Bilder aus der Geschichte: von Findelkindern, Drehlade, Kinderarbeit und Waisenanstalten. Die Chance der Ruine. Im Münchner Waisenhaus nach 1945.

Verteidigung der Familiengruppe: Niemandskinder. Die eigenen vier Wände

Die kleine Heilpädagogik: Sozialwaisen. Vom Umgang mit verhaltensgestörten Kindern. Das Heimkind und seine Angehörigen. Gespräche

Erzieher sind auch Menschen: Das Berufsbild des Erziehers im Wandel. Anleitung der pädagogischen Mitarbeiter. Brief an einen jungen Heimleiter

Die Umgebung: Vom Besichtigen und Besichtigtwerden. Patenschaften. Der Freundeskreis

Holt die Kinder aus den Heimen: Die Misere der Heimerziehung

Von Heim zu Heim: Ein Reisebericht. Welche Heimerziehung hat Zukunft? Janusz Korczak – und die andere Pädagogik

Ernst Reinhardt Verlag München Basel

»Kinder sind Kinder«

Diese Reihe bietet Rat und Informationen all denen, die täglich mit Kindern zu tun haben. Die handlichen Taschenbücher stellen aktuelle Themen aus dem Alltag mit Kindern dar und helfen, Probleme richtig zu erkennen, zu vermeiden oder ihren Anfängen entgegenzuwirken.

BAND 1

Alfred Zuckrigl

Linkshändige Kinder in Familie und Schule

5., ergänzte Auflage 1995. 96 Seiten (3-497-01370-6)

Linkshänder gibt es überall und zu allen Zeiten. Manche haben Schwierigkeiten in der Rechtshänderzivilisation und können sich nicht ihrer Veranlagung gemäß entfalten. Der Verfasser, der auf diesem Gebiet auf reiche Erfahrung zurückgreifen kann, erklärt Zusammenhänge zwischen Gehirnorganisation und Händigkeit. Er bietet wissenschaftlich begründete Entscheidungshilfen an, u. a. für die Wahl der Schreibhand. Neben Funktionsproben und Testverfahren werden vor allem Methoden aufgezeigt, wie wir linksveranlagte Kinder fördern können.

BAND 2

Erwin Richter, Walburga Brügge, Katharina Mohs

Wenn ein Kind anfängt zu stottern

Ratgeber für Eltern und Erzieher

3., neubearbeitete Auflage 1998. 76 Seiten (3-497-01450-8)

Unflüssiges Sprechen kommt im Vorschulalter häufig vor. Nicht immer handelt es sich dabei um Stottern. Dieses Buch wendet sich an alle Eltern, die sich Sorgen über Unflüssigkeiten im Sprechablauf ihres Kindes machen und gibt Informationen über Stottern und andere Redeflußstörungen für alle, die Kinder im Vorschulalter oder in der Grundschule betreuen. – In diese neubearbeitete Auflage wurde zusätzlich ein Kapitel über den Verlauf der Sprachentwicklung des Kindes aufgenommen, mit Hinweisen, wie Eltern die Sprachentwicklung ihres Kindes unterstützen können.

BAND 4

Gertraud Kietz

Kinder erleben und verstehen

1982. 103 Seiten (3-497-00987-3)

Kinder sind Menschen mit Vorzügen und Schwächen wie wir Erwachsene. Es gibt sprühende Phantasten und nüchterne Realisten, muskelstarke Robuste und zarte Sensible, kecke Naseweise und zaghaft Schüchterne – und alle sind sie liebenswert. Jedes Kind ist völlig einmalig, wie es auf der ganzen Welt kein zweites gibt. Wenn wir es allein mit dem Verstand erfassen wollen, bleibt uns das Wichtigste verborgen. Wir brauchen vor allem ein achtsames Hinschauen und Hinhören, ein einfühlendes Mitschwingen und Antworten aus liebendem Herzen heraus. Nur aus solchem Verstehen wird die behutsame und klare Führung erwachsen, die das Kind braucht. Dr. Gertraud Kietz hat ein reizendes Büchlein geschrieben, das alle Babysitter und Kindermädchen, alle verwandten und benachbarten Betreuer unserer Kinder als „Dankeschön" geschenkt bekommen sollten.

BAND 5

Heinrich Kratzmeier

Schule – unheimlich wichtig

1982. 76 Seiten (3-497-00988-1)

Schule ist wichtig für alle, die mit ihr zu tun haben: Lehrer, Eltern, Erzieher – vor allem jedoch für die Kinder. Für die Kinder entscheidet die Schule über ihre Bildung, oft über ihre Ausbildung, ihren Lebensberuf, ihren weiteren Lebensweg, manchmal über ihr Schicksal. Deshalb ist Schule auch unheimlich. Eltern haben Angst davor, was die Schule aus ihren Kindern machen könnte, Lehrer fürchten sich vor der Verantwortung und nicht zuletzt die Kinder haben Angst vor der Schule, weil sie die Angst der Eltern, die Unsicherheit der Lehrer und Erzieher spüren. Wenn wir sagen, es sei etwas „unheimlich wichtig", dann haben wir schon den Schlüssel gefunden, die Unheimlichkeit zu überwinden – indem wir miteinander sprechen.

Ernst Reinhardt Verlag München Basel

BAND 6

Beate Lohmann

Müssen Legastheniker Schulversager sein?

3., aktualisierte Auflage 1997. 109 Seiten (3-497-01422-2)

Das Bändchen stellt eine Einführung in das Problemfeld Legasthenie dar. Es eignet sich vor allem für betroffene Eltern, die die Schwierigkeiten ihrer Kinder zweifellos wiedererkennen werden. Lese- und Rechtschreibschwäche ist nicht nur für die betroffenen Familien ein Problem, sondern vor allem für die Kinder selbst eine große seelische Belastung. Legasthenie zu erkennen und richtig damit umzugehen, ist deshalb von zentraler Bedeutung. Eine falsche Einschätzung des Phänomens Legasthenie kann das Schul- und Berufsleben deutlich beeinträchtigen. Eltern und Schule müssen die andersartige Entwicklung dieser Kinder erkennen und ihre speziellen Begabungen fördern lernen.

BAND 7

Ernst J. Kiphard

Unser Kind ist ungeschickt

Hilfen für das bewegungsauffällige Kind

4., aktualisierte Auflage 1996. 83 Seiten (3-497-01404-4)

Es gibt eine ganze Reihe von Fachbüchern über Bewegungsstörungen bei Kindern. Sie sind jedoch für Eltern im allgemeinen weder zugänglich noch verständlich. In dieser Elternfibel wird auf schwierige Fachausdrücke verzichtet. Statt dessen sollen die Probleme des Kindes anhand von Beispielen verdeutlicht werden. Vor allem geht es darum, aufzuzeigen, was man dagegen tun, welche konkreten Hilfen man anbieten kann. So ist es das Anliegen des Autors, durch verständliche Information mehr Verständnis für die Schwierigkeiten des bewegungsauffälligen Kindes zu erreichen. Das gilt in erster Linie für Eltern als diejenigen, welche zuerst mit den Problemen ihrer Kinder konfrontiert werden. In zweiter Linie geht es darum, Erzieher und Lehrer zu informieren, damit der Lebensweg dieser Kinder nicht zu einem Leidensweg wird.

Ernst Reinhardt Verlag München Basel

BAND 8

Heinz-Lothar Worm

Fünf Fragen an den Elternberater

Zählenlernen, Farbenkennen, Geschwisterverhalten, Bettnässen, Straßenverkehr

1984. 66 Seiten (3-497-01059-6)

Immer wieder kommt es vor, daß Kinder sich schwertun, zählen zu lernen, die Farben zu unterscheiden oder ein neues Geschwisterchen zu akzeptieren. Manche Eltern sind in Sorge, weil ihr Kind lange über die normale Zeit hinaus einnäßt oder sich im Straßenverkehr durch leichtsinniges Verhalten immer wieder selbst gefährdet. Dieses Buch will den Eltern aufzeigen, welche Ursachen dem Versagen des Kindes zugrunde liegen können und welche Möglichkeiten der Hilfe es gibt. Das Buch ist auch als Hilfestellung und Anregung gedacht für alle, die von Berufs wegen mit der Erziehung kleiner Kinder betraut sind.

BAND 9

Erwin Richter, Walburga Brügge, Katharina Mohs

So lernen Kinder sprechen

Die normale und die gestörte Sprachentwicklung

3., neubearbeitete Auflage 1997. 94 Seiten (3-497-01424-9)

„Ein doßer Hit im Hasser himmt!“ – So oder ähnlich zeigen viele Kinder im Verlauf ihrer Sprachentwicklung Auffälligkeiten im Satzbau oder in der Lautbildung. Wie lange darf ein Kind Fehler beim Sprechen machen? Was können Eltern für die Sprachentwicklung ihres Kindes tun? Dieses Buch gibt Eltern und ErzieherInnen einen Überblick über den Verlauf der normalen Sprachentwicklung und erläutert die dazu notwendigen Voraussetzungen. Mögliche Störungen werden aufgezeigt und erklärt. Die AutorInnen geben Anregungen, wie Eltern die Sprachentwicklung ihres Kindes unterstützen und fördern und wie sie fachliche Beratung und Therapie finden können.

Ernst Reinhardt Verlag München Basel

BAND 10

Francis X. Walton, Robert L. Powers

Vertrauen und Verantwortung zwischen Kindern und Erwachsenen

1984. 77 Seiten (3-497-01075-8)

Mit diesem Buch soll Lehrern, pädagogischen Beratern und Eltern Hilfestellung bei ihrer täglichen Arbeit mit Kindern gegeben werden. Der Ratgeber ist individualpsychologisch orientiert; die hier empfohlenen Methoden und Grundsätze haben sich in vielen Fällen bewährt, um Kinder und Jugendliche zur Zusammenarbeit mit Erwachsenen und zur Übernahme von Verantwortung zu bewegen und ihnen Vertrauen in ihre eigenen Fähigkeiten zu vermitteln.

BAND 11

Manfred Berger

Der Übergang von der Familie zum Kindergarten

Anregungen zur Gestaltung der Aufnahme in den Kindergarten

2., neubearbeitete Auflage 1997. 107 Seiten (3-497-01428-1)

Dieser Ratgeber ist allen ErzieherInnen im Kindergarten zu empfehlen und sollte den Eltern, die ihr Kind im Kindergarten anmelden, in die Hand gegeben werden. Der Eintritt in den Kindergarten, ein wichtiger Lebensabschnitt für das Kind, stellt hohe Anforderungen an seine sozial-emotionale Anpassungsfähigkeit. Doch er fordert nicht nur vom Kind eine Neuorientierung, sondern stellt auch Eltern und ErzieherInnen vor belastende Situationen. Trennungsangst, „Kindergartenreife" und die Übergangsprobleme werden verständlich besprochen. Der Autor gibt praktische Ratschläge, wie die Aufnahme in den Kindergarten am besten gestaltet werden kann. Durch Bildmaterial unterstützt, gibt dieses Buch zahlreiche Anregungen und hilfreiche Tips, um Schwierigkeiten beim Eintritt in den Kindergarten vorzubeugen.

BAND 13

Thomas Lang

Kinder brauchen Abenteuer

2., ergänzte Auflage 1995. 80 Seiten (3-497-01369-2)

Zwischen Schulbeginn und Pubertät liegt die Zeit, in der Kinder sich ihren weiteren Lebensraum erobern, im Spiel nach draußen drängen auf der Suche nach Erlebnissen, Erfahrungen und Abenteuern. Thomas Lang erklärt, welchen Bedingungen und Einflüssen sie dabei ausgesetzt sind, wie sich ihre Bedürfnisse zeigen und woher sie kommen – und auch, welche z. T. subtilen Hemmnisse von seiten der Erwachsenen das Abenteuer erschweren. Der Autor gibt Anstöße, wie Eltern, Lehrer, Sozialpädagogen und Sozialarbeiter dazu beitragen können, Kinder auf der Suche nach Abenteuern zu unterstützen.

BAND 14

Franz J. Mönks, Irene H. Ypenburg

Unser Kind ist hochbegabt

Ein Leitfaden für Eltern und Lehrer

2., aktualisierte Auflage 1998. 89 Seiten. 6 Abb. (3-497-01461-3)

Dieser Leitfaden entstand aus einem praktischen Bedürfnis: Immer wieder klagen Eltern und Pädagogen darüber, daß oft erst nach mühseligen Anstrengungen die richtige erzieherische und fördernde Hilfe gefunden wird, die das hochbegabte Kind so dringend braucht. Nicht selten bekommen Eltern zu hören: „Sind Sie doch froh, daß Sie ein so kluges Kind haben. Andere Eltern wären glücklich, wenn sie ein solches Kind hätten. Worüber machen Sie sich eigentlich Sorgen?“ Zum Thema Hochbegabung besteht ein großes Nachholbedürfnis und ein beträchtlicher Informationsrückstand. Ist Hochbegabung schon im frühen Kindesalter zu erkennen? Sind hochbegabte Kinder problematisch? Wie können Erziehungs- und Schulprobleme vermieden werden? Der Band gibt Antworten und praktische Hilfen für Eltern und Lehrer.

Ernst Reinhardt Verlag München Basel